Sous les pavés, la droite

Du même auteur

L'Invention de Philippe Muray, Carnets Nord, 2011.

La Conquête de l'Alsace, JC Lattès, 2014.

Conspirations d'un solitaire. L'individualisme civique de Charles Péguy, Les Belles Lettres, 2015.

Alexandre de Vitry

Sous les pavés, la droite

DESCLÉE DE BROUWER

Éditions Desclée de Brouwer
10, rue Mercoeur - 75011 Paris
9, espace Méditerranée - 66000 Perpignan

www.editionsddb.fr

ISBN : 978-2-220-09552-3
EAN Epub : 9782220095646

À mon grand-père Bruno de Vitry d'Avaucourt,
homme de droite à l'ancienne manière,

et à Arthur, son premier arrière-petit-fils,
bébé sans étiquette politique.

Prologue

La droite n'est plus littéraire. Elle l'a été, pourtant. On pourrait se réjouir de cette éclipse, juger que la politique n'a de toute façon pas à s'égarer dans des considérations aussi superficielles. On pourrait aussi y rester tout à fait indifférent, l'histoire de la littérature n'apportant pas grand-chose aux problèmes graves qui se posent aujourd'hui à notre société. Si l'on est très engagé à gauche, on se félicitera de cette disparition d'une frange de la littérature qu'on a de toute façon toujours trouvée légèrement malodorante. Pour ma part, je crois au contraire que cette amnésie de la droite est une catastrophe. Irréversible, sans doute pas, mais une catastrophe tout de même.

L'essai que l'on s'apprête à lire raconte cette rupture somme toute récente, que nous daterons parfois de 2006 (mort de Philippe Muray), parfois de 2013 (année de la Manif pour tous). Il suit une ligne double, un peu bâtarde, puisque l'on y parlera autant de littérature que de politique, sans que l'un de ces deux thèmes vienne vraiment l'emporter. Nous n'évoquerons pas la politique sans revenir à la littérature, ni la question de la littérature sans poser celle de la politique.

Je commencerai bien sagement en définissant la droite, la droite telle que je l'entends en tout cas, cette droite à qui la littérature est si précieuse et qui, sans cette littérature, sort d'elle-même, bascule en d'autres eaux, devient militante jusqu'à s'altérer et à verser soit à gauche, soit à l'extrême-droite, souvent des deux côtés en même temps, en tout cas ailleurs qu'à droite. Sans les lettres, la droite se dénature. Nous évoquerons ainsi des écrivains divers, pas forcément de droite d'ailleurs, des monstres de l'histoire littéraire aussi bien que des histrions de la littérature récente, mais nous serons aussi contraints de rencontrer de nombreux militants d'une autre droite, d'une droite nouvelle, celle qui monte, celle de toute une ribambelle de jeunes gens à qui la littérature est devenue parfaitement étrangère.

Il faudra tout de même que je parle un peu de moi, pour raconter comment, il y a quinze ans, on pouvait encore découvrir, tout jeune homme, une droite littéraire séduisante, bigarrée, aux réussites inégales certes, mais qui, parce qu'elle était littéraire, nous prémunissait de certains excès dont nos successeurs n'ont plus eu cure. Vivre son adolescence aux alentours de l'an 2000 et se laisser séduire par la droite, cela vous conduisait à la littérature, pas à battre le pavé. Vous rencontriez une droite désordonnée, hirsute, tout en contradictions et en recoins. Vous appreniez à vous méfier de l'idéologie, pas à vous y vautrer.

C'est ce vautrement, cette complaisance poissarde qu'il nous faudra décrire ensuite, en une série de petits cercles infernaux. Quelques pages durant, nous marcherons en compagnie des manifestants de 2013, nous examinerons leurs lubies, leur pensée inesthétique, les grandes lignes de leur rhétorique, leurs obsessions diverses. Nous quitterons un temps la littérature pour ausculter ce qui lui succède grotesquement. Mais c'est au fond toujours d'elle que nous parlerons, fût-ce par l'absurde : ce que nous décrirons, c'est tout simplement un monde privé d'elle.

Nous ne chercherons pas toutefois à désespérer une énième fois Billancourt, même un Billancourt de droite. À la littérature, nous reviendrons pour finir, parce qu'elle-même ne cesse de revenir. Ce ne sera plus tout à fait la littérature de ma jeunesse, mais la littérature tout court. Une littérature un peu de droite encore, malgré tout, car, comme on le verra, elle a une fâcheuse tendance à pencher de ce côté-là ; mais le mot « droite », ici, n'a peut-être pas le sens qu'on lui donne de nos jours. Ce sera ma modeste leçon à mes contemporains engagés. Pas exactement une leçon de désengagement ; plutôt un bref rappel de ce que la littérature, bonne perdante, a toujours à leur apporter. Alors, sait-on jamais, elle pourrait les tirer du marécage politique où ils se sont enfoncés.

Ce livre n'est pas une enquête. Je n'ai recueilli aucun témoignage en vue de le rédiger, n'ai mené aucune recherche statistique. Je ne suis pas journaliste, pas même philosophe, politologue, sociologue ou tout ce qu'on voudra de cette engeance. Je suis certes un pur produit du système universitaire français, et fier de l'être, mais le domaine dont ce système a fait de moi un spécialiste, la littérature de la Belle Époque, ne me sera pas cette fois d'une grande aide.

Pourtant, le monde, les petits mondes dont je vais parler ne me sont pas non plus tout à fait étrangers. Les individus qui en forment le peuple sont à peine plus jeunes que moi. Même quand ils ont mon âge, ce qui arrive, ils me donnent le sentiment que j'appartiens à une autre génération, toute proche de la leur. Ils croissent et je diminue. En 2006, j'avais vingt et un ans. C'est juste assez pour avoir déjà fait les grandes découvertes que l'on passe la décennie suivante à mûrir. Si j'écris ce livre, donc, c'est que par le hasard de mon âge et de ma propre position intellectuelle et idéologique (si c'en est bien une), je me trouve exactement à la frontière de l'univers que je veux décrire. Sur la brèche. C'est même certainement pour cela que je me suis lancé dans cette entreprise imprudente : parce que tout en n'étant guère de gauche, je constate que se développe tout autour de moi une droite qui n'est plus la mienne, à quelques années, à quelques minutes près. Il lui manque les trois tares que nous allons décrire pour commencer : diversité, incomplétude, inclination littéraire. À la place, la droite est devenue *homogène*. Trop homogène pour se contredire elle-même, trop homogène pour se méfier des extrêmes, trop homogène enfin pour se nourrir de littérature plutôt que de doctrines.

Le lecteur féru de concepts politiques commencera par le premier chapitre, qui définit les trois grands traits paradoxaux de ce que j'entends par « droite » et ce pourquoi je tiens tant à y attacher la littérature. Celui qui ne goûte que les confidences privées préférera le deuxième chapitre, où il est question de ma jeunesse, mais aussi de mes chers écrivains de l'an 2000. À ceux, avides d'actualités et de polémiques, qui voudraient mieux connaître la nouvelle génération militante ou se rappeler quelques bons souvenirs de 2013, je ne saurais trop conseiller de bondir tout de suite au troisième et au quatrième chapitre, peuplés d'énergumènes et d'agitateurs. Celui enfin qui voudra savoir si la littérature est encore possible, et avec elle une autre droite que celle qui s'est emparée aujourd'hui du monde intellectuel, je lui donne rendez-vous au dernier chapitre.

Et maintenant : en route, mauvaise troupe !

1

La droite et ses fantômes

Il y a des droites pour tous les goûts. On est de droite parce que l'on chérit le monde d'avant, ou tous les mondes d'avant, toutes les anciennes humanités menacées par le monde moderne, comme disent Charles Péguy (qui n'était pas de droite, mais qui l'était un petit peu quand même) et Philippe Muray (qui l'était nettement, lui, de droite). On est de droite parce que l'on ne croit, comme Baudelaire et Balzac, qu'aux progrès de l'homme sur lui-même, à l'énergie individuelle, à la lutte de chacun contre le péché originel, et non à la perfectibilité sociale, à la réconciliation de l'humanité avec elle-même, au « salut du genre humain par les ballons », comme disait Baudelaire en se moquant de Victor Hugo. À la grande « blague » de la gauche, selon la formule des frères Goncourt (qui y opposaient toutefois la

« bêtise » de la droite). On est de droite, encore, parce que l'on chérit la liberté, comme Chateaubriand et Tocqueville, ou parce qu'on la déteste, comme Joseph de Maistre et Louis de Bonald. On est de droite quand on tient à la morale publique, ou au contraire quand on veut séparer la morale de la politique ; parce que l'on veut défendre sa patrie ou au contraire privilégier la libre circulation des biens et des personnes. On est de droite par nationalisme ou par internationalisme. On peut même être de droite, comme l'écrivait Marc-Édouard Nabe avant de se retrouver tout à fait pestiféré, parce que « toutes les belles femmes sont de droite, même celles qui se prétendent de gauche ». Il n'y a pas de mauvaise raison d'être de droite.

Un pur fatras

On a écrit beaucoup de choses à propos de cette variété inépuisable. L'historien René Rémond avait proposé de classer ce joyeux désordre en trois grandes tendances que les étudiants en histoire et en sciences politiques connaissent par cœur : le légitimisme, l'orléanisme et le bonapartisme. La distinction est en effet loin d'être inopérante, notamment pour comprendre la recomposition perpétuelle des partis politiques depuis deux cents ans. Cependant, ces élégantes catégories ne suffisent ni à recouvrir l'ensemble des raisons bizarres et contradictoires d'être de droite, bien trop fourmillantes et nombreuses, ni à expliquer le caractère profondément séduisant, séducteur, même, diabolique peut-être, de la droite. Certes, on peut être de droite par esprit de conservation, par libre-échangisme ou par attachement à l'autorité, mais cela n'explique pas que les Hussards aient tant aimé les voitures rapides ni pourquoi les Français chérissent à ce point les dialogues de Michel Audiard.

Cette variété, toujours, avait inspiré à Simone de Beauvoir, en 1955, une saillie fameuse et quelque peu accablante : « La vérité est une, seule l'erreur est multiple. Ce n'est pas un hasard si la droite professe le pluralisme. » Écrire cela l'année du pacte de Varsovie, il fallait le faire. Pourtant, aussi scabreux que soit ce dogmatisme sentencieux et clérical, il me semble que Beauvoir n'a pas tout à fait tort.

La vérité une, l'erreur multiple ? Pourquoi pas, après tout, si l'on pense au remplacement éclair du polythéisme par le monothéisme, à la péremption manifeste de tout dualisme en philosophie ou à l'uniformisation de la planète à l'heure de la mondialisation. L'Un écrase bel et bien l'histoire du monde comme un rouleau compresseur. Et pourquoi ne pas situer la gauche de ce côté ? Si elle y tient !

Elle a d'ailleurs d'excellentes raisons d'y tenir. La gauche n'est-elle pas « une » par nature ? S'il y eut en 1997, le temps d'une campagne électorale, une « gauche plurielle », ce n'était que pour masquer sous une formule bricolée à la va-vite l'unité foncière et éternelle de la gauche. Elle peut se payer le luxe de s'afficher plurielle parce qu'elle n'a de pluriel que le nom. Lorsque la gauche l'emporte, elle l'emporte avec toutes les gauches, parce qu'il n'y a qu'une seule gauche. Il n'y a que *la gauche.* C'était déjà le fond de l'affaire du Front populaire. Un demi-siècle plus tard, il était tout naturel que Mitterrand, menant à son tour la gauche au pouvoir, apportât dans sa besace quatre ministres communistes.

On ne peut en dire autant de la droite. Il n'y a qu'à observer l'émoi du pays lorsqu'un candidat peu scrupuleux à la députation envisage une seconde de faire alliance avec l'extrême-droite. En France (ailleurs, je n'en suis pas si sûr), on sait très bien faire la différence entre la droite et l'extrême-droite. Et l'on imagine mal Jacques Chirac, Nicolas Sarkozy ou un autre du même cru faire appel à quatre membres du Front national pour former un gouvernement (quoique Sarkozy ait peut-être égratigné ce tabou en faisant de Patrick Buisson l'un de ses conseillers officiels). Il n'y a pas d'unité de la droite, du moins ne devrait-il pas y en avoir. Le meilleur garant en est l'existence même de l'extrême-droite. Il y a malheureusement des raisons de penser que cet irréductible pluralisme est menacé. Pas par ses ennemis, mais par la droite elle-même. Par une droite mutante, qui croit retrouver le cœur de son idéologie en se trahissant elle-même et en renonçant à ce qui fait non seulement sa richesse, mais au bout du compte sa définition même.

Revenons donc aux origines. La droite, cela va sans dire, mais disons-le tout de même, n'a pas toujours existé. Ni la gauche d'ailleurs. Il y eut bien des démocrates et des aristocrates dans l'Athènes antique, mais il ne s'agissait nullement d'un affrontement droite-gauche, plutôt d'un conflit sur la validité même de l'idée de compétence politique, loin de toute ouverture éventuelle de la cité au peuple des petits. À la limite, Spartacus, chez les Romains, peut faire figure d'un homme de gauche avant la lettre. Et peut-être, dans l'histoire de la chrétienté, quelques figures comme saint François ou saint Vincent de Paul. Mais elles ne sont pas nombreuses et ne forment pas un camp politique clair.

Puisqu'il n'y avait pas de gauche, il n'y avait pas de droite. Ce n'est qu'avec la Révolution française que les choses sérieuses commencent. Quoi exactement ? Pas la droite, mais la gauche d'abord. L'Ancien Régime n'était pas de droite ; il était le Régime, un point c'est tout. Soudain il devint « Ancien », ce qui produisit une séparation brutale de l'histoire en deux, et avec elle une séparation plus nette encore entre révolution et contre-révolution, bientôt entre monarchie et république. La gauche et la droite sont davantage nées de cette ligne de partage historique que d'une pure et simple métonymie spatiale inspirée des deux côtés de l'hémicycle parlementaire.

Se posa tout de suite la question du contenu. Les buts des Jacobins étaient immédiatement plus clairs que ceux de leurs adversaires – quelle que soit la façon d'ailleurs dont on interprète l'avènement de la Terreur. En revanche, à cette époque, nul ne songe sérieusement à rétablir la monarchie absolue. Chateaubriand a beau être légitimiste, c'est *aussi* un libéral. Même Joseph de Maistre considère énigmatiquement que « le rétablissement de la Monarchie, qu'on appelle *contre-révolution*, ne sera point une *révolution contraire*, mais le *contraire de la Révolution* ». Non pas un simple retour en arrière, mais l'invention d'un nouveau registre, d'une perspective qui annulerait la politique moderne tout entière. Qu'est-ce que c'est, le contraire de la Révolution, le contraire de cette version inaugurale de la gauche à travers les âges ? Une apocalypse maistrienne, révélation de Dieu sur terre en forme de fin des temps ? Un doux mélange de libéralisme et de traditionalisme, à la Chateaubriand ? L'hypocrisie prudente et salutaire de

Thermidor ? La légèreté festive du Directoire ? Le césarisme militarisé de l'Empire ? Les spectres de la Restauration ? Le triomphe bourgeois des Trois Glorieuses ? Eh bien tout cela à la fois, bien sûr. À quoi il faut encore ajouter, le siècle progressant et la gauche s'étoffant de décennie en décennie, l'obsession antilibérale du Saint-Siège, le développement, contre le socialisme naissant, de l'économisme individualiste à la Bastiat ou à la Molinari, les grandes entreprises littéraires de description du désastre ambiant (Balzac), de retournement de la modernité contre elle-même (Baudelaire) ou de dérision radicale de toute la société nouvelle (Flaubert).

La droite est née plurielle, elle. Elle est même née si diverse qu'elle fut immédiatement contradictoire, incohérente. On peut certes objecter qu'il existe de l'autre côté une distinction forte entre la gauche politique (celle qui vient de 1789) et la gauche sociale (celle qui mena à 1848) ; mais elles n'eurent pas grand peine à se réconcilier chez les grandes figures tutélaires de la gauche ultérieure, Jaurès, Blum et les autres. Il est beaucoup plus difficile, en revanche, il est même impossible de réconcilier un bonapartiste et un libéral façon Benjamin Constant, de raccommoder Chateaubriand avec les Orléans ou de faire dire à Frédéric Bastiat qu'il appartiendrait au même camp que Joseph de Maistre.

Peut-être est-ce simplement que la droite n'existe pas. C'est ce à quoi devrait nous conduire, en bonne logique appliquée, le principe de non-contradiction nécessaire à tout raisonnement cohérent. Et pourtant elle existe. Timidement, bizarrement, mais elle existe. C'est que son être est négatif, fantomatique. La droite existe à peine. Elle souffre d'un déficit ontologique profond. Elle n'existe que dans un état de dépendance, elle est par nature seconde, parasitaire, tard venue. Il n'y a de droite que parce qu'il y a la gauche. Peut donc être dit de droite, osons enfin une définition, *tout ce qui n'est pas de gauche*. Et cela fait beaucoup.

Il n'y a pas de droite totale

Cette déficience originelle explique en grande partie le second trait le plus saillant de la droite, l'autre bizarrerie qui la différencie profondément de la gauche : on n'est jamais pleinement de droite. Il y a toujours dans l'homme de droite quelque chose qui se retourne contre lui-même, une manie d'exercer un « droit de se contredire », tel que le réclamait déjà Baudelaire. Non seulement il y a de nombreuses droites, mais chacune de ces droites ne peut aller vraiment au bout de sa propre cohérence. « L'erreur est multiple », disait Beauvoir : et en effet, toutes les droites sont autant d'erreurs si l'on pousse chacune au bout de sa logique. Mais on ne le fait pas, précisément. On se méfie. Quel apôtre du libre-échange a jamais supprimé l'État ? Quel conservateur a rétabli la loi salique ? Même lorsqu'elle se prétend « intégrale », à la façon du catholicisme romain du XIXe siècle, la pensée de droite a ses limites : le Syllabus de 1864 n'a pas mené au rétablissement de l'Inquisition médiévale, et même l'Église antimoderniste de Pie X n'a jamais renoncé à annoncer l'Évangile. Dans un tout autre genre, n'en déplaise aux adversaires paranoïaques du « néolibéralisme » ou de l'« ultralibéralisme », je ne sache pas qu'un État ait jamais adopté les préceptes anarcho-capitalistes de David Friedman ou de tout autre libertarien jusqu'au-boutiste. Même Reagan et Thatcher, les deux grands méchants loups des années 80, ne sont pas allés *jusqu'au bout*. Et heureusement. On ne peut en dire autant du marxisme-léninisme.

C'est donc bien là le deuxième trait fondamental de la droite, venu lui aussi de sa faiblesse ou de sa déficience ontologique : elle est par nature *modérée*. Par là je ne fais nullement référence aux divers partis politiques qui dans l'histoire se sont affichés tels. Cette « modération », ce n'est pas celle des démocrates chrétiens ou de François Bayrou première manière, seconde manière, troisième manière, etc. Je parle d'une modération profonde et générale, d'une modération inévitable, qui concerne toutes les formes de la droite. La droite ne peut aller au bout d'elle-même. C'est son lot. Sa logique propre bloque toujours à un moment ou à un autre. Elle n'est donc pas seulement émiettée, morcelée, elle est aussi toujours tronquée. Inachevée.

Il n'y a jamais eu de totalitarisme pleinement de droite. Il n'y en aura jamais, pour une raison simple : la droite ne saurait être « totale ». Ou pour l'être, elle a besoin du coup de pouce de la gauche, elle se déguise en gauche. C'est le fameux tour de passe-passe lexical du « national-socialisme » : anticommuniste peut-être, mais socialiste quand même ! Quant à l'antisémitisme des mêmes nazis, ses racines à gauche ne sont plus à démontrer, tout examen sérieux des idéologies du XIXe siècle les faisant apparaître très clairement. Pour entrer en folie totalitaire, il faut intégrer une logique de gauche, qu'elle soit marxiste, populiste, raciste ou tout ce qu'on voudra. C'est pour cela que l'extrême-droite, même sous des formes apparemment inédites dans le genre d'Alain Soral, adopte si aisément une rhétorique de gauche : elle en a pris le pli depuis bien longtemps.

Dans ce dispositif, les deux bords extrêmes du spectre politique ne jouent pas du tout le même rôle. Tandis que l'extrême-droite, sous ses différentes formes, donne une version grimaçante et déformée de la droite, l'extrême-gauche offre de la gauche une image concentrée, un condensé quasi pur. Elle n'est qu'une gauche pas encore compromise avec le pouvoir. C'est pourquoi elle joue fidèlement pour le peuple de gauche le rôle de mauvaise conscience, aujourd'hui plus encore que jamais. Son office est de tarauder la gauche, de troubler son sommeil. Par sa subsistance même dans l'histoire, elle est un perpétuel rappel à l'ordre.

Voici donc le chiasme sur lequel repose l'équation politique à quatre variables du paysage politique français : la gauche est une perversion de l'extrême-gauche, l'extrême-droite est une perversion de la droite. La gauche n'est jamais assez de gauche, la droite toujours trop de droite. C'est pour cela que la gauche a honte d'être modérée, tandis que la droite a peur de ne pas l'être assez. Du moins *avait*-elle peur. Car les temps changent.

Depuis dix ou quinze ans, nous avons assisté à deux glissements décisifs. Le premier eut lieu dans le contexte de la campagne présidentielle qui mena à l'élection de Nicolas Sarkozy à la présidence de la République en 2007. On s'est beaucoup appesanti, à l'époque, sur la langue ordurière et fautive de Sarkozy ou sur les néologismes creux de Ségolène Royal, son principal adversaire. Je crois cependant que le fait de langue le plus important de cette période fut l'apparition d'une idée parfaitement inédite, surtout sous une forme aussi assumée : celle d'une « droite décomplexée ». Si je ne me trompe pas, la formule était de Jean-François Copé ; il fut en tout cas celui qui continua d'en faire le plus longtemps usage, jusqu'en 2016 ou 2017 encore. Je ne crois pas que cette formule caractérise très bien la personnalité de Nicolas Sarkozy, trop romanesque et complexe (et « complexée », d'ailleurs) pour être réduite à cela, mais elle définit parfaitement, en revanche, ce que l'on a appelé alors le « sarkozysme ». Et ce n'est pas un hasard si celui qui l'utilisa avec le plus de ferveur fut un lieutenant de Sarkozy plutôt que Sarkozy lui-même .

Or le syntagme « droite décomplexée » est un pur oxymore. La droite est par nature complexée ; même, elle doit l'être, c'est pour elle une nécessité morale et politique. Une gauche décomplexée serait une gauche revenant à ses fondamentaux, c'est-à-dire prêtant l'oreille à sa mauvaise conscience, l'extrême-gauche. Jean-Luc Mélenchon, par exemple, me paraît un homme de gauche décomplexé. En revanche, en s'affichant telle, la droite oublie ce qui la sépare *par nature*, et non seulement *par degré*, de l'extrême-droite. Elle oublie son impératif de modération. Elle oublie son incohérence principielle. Elle oublie sa fragilité ontologique. Elle oublie qu'elle n'existe que *de n'être pas de gauche*. Elle s'oublie elle-même, comme on le dit des pauvres vieillards qui ne contrôlent plus leur vessie ou leurs sphincters.

Voilà la première faute de la droite des années 2000, qui fut une faute de goût autant qu'une faute morale, une faute à la fois éthique et esthétique : avoir cru qu'il était temps de se débarrasser du vieux « complexe » qui embarrassait depuis toujours la droite française. Et c'est ainsi que Sarkozy put ouvrir son oreille au publiciste d'extrême-droite Patrick Buisson, comme si, un siècle avant, Raymond Poincaré s'était offert les services de Charles Maurras.

Tout cela pourtant n'était que broutille par rapport à ce qui a suivi, produisant le deuxième glissement de la droite récente, un glissement plus diffus, mais également beaucoup plus massif. Il ne s'est pas agi cette fois d'une simple formule à succès, mais de tout un faisceau de phénomènes convergents, tels que le développement d'une nouvelle presse de droite, en particulier sur internet, l'enthousiasme populaire suscité par la « Manif pour tous » ou l'explosion du vote des moins de vingt-cinq ans pour le Front national. Quoi de commun entre toutes ces mutations ? Une même volonté de se constituer enfin un *corpus idéologique* cohérent. La droite croit désormais pouvoir s'inscrire dans une histoire claire et homogène, nourrie par une batterie d'intellectuels qui auraient de concert élaboré les grandes idées et les grands textes de la droite depuis deux ou trois siècles. Que ces auteurs soient d'extrême-droite (comme Maurras) ou de gauche (comme Péguy) ne semble pas gêner outre mesure ces nouveaux idéologues, guère âgés, qui se sont attachés à rendre à la droite les bases conceptuelles qu'elle aurait occultées les décennies précédentes.

Admettons. Qu'on veuille s'instruire, nourrir son orientation politique d'une culture véritable, c'est bien sûr louable, quelle que soit l'orientation en question. Qu'un militant de gauche lise assidûment Marx, Gramsci, Proudhon ou Habermas, c'est même la moindre des choses. Mais peut-on en faire autant à droite ? Qu'est-ce que c'est, un intellectuel de droite ? Les intellectuels ne sont-ils pas toujours de gauche ? N'est-ce pas même le propre de l'intellectuel, que d'être de gauche ? Et le propre de l'homme de gauche que d'essayer de devenir un intellectuel ? Je ne crois certes pas que tout individu se sentant de droite doive nécessairement être un inculte, une brute ou un débile léger. Étant moi-même un membre impénitent du monde tentaculaire des « professions intellectuelles », j'ai tendance à penser plutôt le contraire. Mais ce dont je suis certain, c'est que croire que l'on peut élaborer une sorte de bibliothèque idéale de la pensée de droite, riche d'idées fortes, cohérentes et transversales, est une illusion dangereuse.

Je lisais dernièrement, sur les conseils d'un ami, une tribune en ligne signée par un certain Julien Rochedy (trois ans de moins que moi), dont nous aurons l'occasion de reparler. Le texte s'intitulait « Réflexion sur la disparition de la droite ». Ledit Rochedy avance l'idée que « la droite » (sans dire laquelle) bénéficie d'un « corpus doctrinal solide », appuyé sur « des centaines d'auteurs prestigieux et une philosophie pertinente pour l'époque », et il regrette que malgré cela, la droite ne parvienne pas à l'emporter sur le plan politique. On en reste dans un premier temps à cette allusion énigmatique : corpus, auteurs, philosophie, cette droite intellectuelle semble fort bien dotée. Mais en avançant, les rares références que l'on voit poindre hérissent le poil : Barrès, Maurras. Et puis c'est tout, ou presque (on croise Villeneuve-Bargemont et Le Play un peu plus loin, mais en guise de penseurs majeurs, c'est tout de même un peu maigre). Barrès et Maurras, donc. Toujours eux ! Même pas Raymond Aron. Comme si la droite, quand elle se croyait cohérente, quand elle oubliait, encore une fois, sa déficience ontologique profonde, déviait forcément d'elle-même pour rejoindre l'extrême-droite. En l'occurrence, pour rejoindre le camp antidreyfusard et le nationalisme intégral de 1900, dont on voit mal en quoi ils peuvent nous fournir, comme dit le fringuant Rochedy, une « philosophie pertinente pour l'époque »...

Je pourrais multiplier les exemples de ce genre à l'envi (et j'en examinerai quelques-uns plus loin) : lorsqu'elle se croit trop cohérente, lorsqu'elle s'attribue une substance homogène, la droite se trahit elle-même. Ou plutôt : elle enfonce un coin de la droite, le coin le plus conservateur, en le poussant jusqu'à l'absurde, c'est-à-dire jusqu'à l'extrême-droite. Ce faisant, c'est tout le reste de la droite, toute la droite multiple et foisonnante qui s'en trouve oblitérée. Dès que l'on cherche la vraie droite, la droite pure, on s'assure une sortie de route. Or, par les temps qui courent, ils sont nombreux à la chercher, cette vraie droite. Ce qui n'est une bonne nouvelle ni pour la droite ni pour personne.

La littérature penche-t-elle à droite ?

Les deux premiers traits les plus propres à la droite sont donc plutôt des pointillés, des tracés presque invisibles. Ils ne donnent une définition qu'à l'envers : non seulement la droite est hétérogène, incohérente, désordonnée, mais par-dessus le marché, aucune de ces multiples droites ne peut parvenir à sa réalisation pleine, sinon à se trahir elle-même. Le salut de la droite est dans son inconsistance. Ces deux caractéristiques relevant toutes les deux d'une contradiction de principe, elles en produisent directement une troisième, d'un ordre moins conceptuel, qui elle aussi court aujourd'hui un péril. La droite me semble tout simplement inséparable de la littérature. Elle tend vers le littéraire, comme la littérature tend vers elle. Je ne me laisserai pas emporter jusqu'à les assimiler pleinement l'une à l'autre, ce qui confinerait à la simple provocation. Mais il existe une affinité entre ces deux réalités dont il me semble nécessaire de dire quelques mots.

Je ne compte pas, pour le plaisir de la formule, annuler un pan énorme de l'histoire littéraire comprenant des géants tels que Victor Hugo, Jules Michelet, Émile Zola ou Louis Aragon. Sans parler de l'ensemble de la galaxie surréaliste ou, plus près de nous, de Jean Genet ou de Pierre Guyotat. La liste est sans fin. Cantonner la littérature à la littérature-de-droite, ce serait ne rien comprendre à la littérature, et d'ailleurs ne rien comprendre à la droite non plus. Pourtant, l'affinité dont je parle concerne une part tout à fait importante des écrivains des derniers siècles, et pas seulement ceux que l'on assigne généralement à la droite, comme le légitimiste Chateaubriand ou les Hussards de l'après-guerre.

Examinons le cas de Jean-Paul Sartre. Malgré sa célébrité écrasante, on lit désormais moins ses pièces et ses romans, même *La Nausée*, son entreprise la plus achevée dans le genre romanesque. Sa production strictement littéraire a perdu de son lustre, à l'exception sans doute de son autobiographie, *Les Mots*, encore très étudiée. Si Sartre se maintient dans notre Panthéon, en tout cas dans le mien, c'est davantage comme penseur, et d'ailleurs l'un des plus passionnants penseurs de la littérature qui fussent jamais. Mais ce n'est plus vraiment comme écrivain. Après avoir été longtemps l'homme de *La Nausée* (et pour les philosophes d'obédience stricte, l'homme de *L'Être et le Néant*, mais c'est une autre histoire), Sartre me paraît rester essentiellement aujourd'hui l'auteur de *L'Idiot de la famille*, son gigantesque ouvrage sur Flaubert. Il y a une raison à cela, même si ce n'est certainement pas la seule : Sartre était un homme de gauche. Pas n'importe quel homme de gauche : l'homme-de-gauche par excellence, l'archétype, le modèle éternel pour les générations à venir. « L'œuvre complète de Sartre, ou la Passion du Bien », comme disait Bernard Frank. Il ne pouvait donc examiner la littérature que de l'extérieur, du moins celle qui l'intéressait le plus : la littérature élitiste, néo-aristocratique, méprisante du XIXe siècle, celle de Baudelaire, de Flaubert et de Mallarmé, sur lesquels il écrivit ses meilleurs livres de critique littéraire (avec celui, fort différent, qu'il consacra à Genet, dont on aura du mal, pour le coup, à faire un auteur de droite). Ces étonnants essais biographiques sont autant de brûlots, presque de pamphlets. Sartre déborde de colère contre la littérature ; son ambition est de la dénoncer et de la démolir. La littérature est un scandale. Tout antibourgeoise qu'elle se prétende, elle est pire que bourgeoise ; tout aristocrate qu'elle se croit, elle n'a même plus les moyens de l'être. Elle est foncièrement, indécrottablement *de droite.*

Bien sûr, ce que Sartre dénonce me semble au contraire mériter d'être chéri. Sartre le pense aussi, d'ailleurs, malgré sa colère. Il est celui qui a le mieux débusqué cette connivence bizarre de la littérature avec la droite, avec une certaine droite, mais c'était pour tirer dessus à boulets rouges. Pour faire de Baudelaire un pleutre coincé dans son enfance poisseuse, de Mallarmé un hypernaïf gobant ses propres boniments néo-aristocratiques. Sartre ne pouvait accepter sereinement sa propre trouvaille : en l'examinant de près, il avait découvert que tout un pan de ce que nous appelons la grande littérature était magnétiquement attiré vers la droite. Que l'on pouvait très bien être un philosophe de gauche, un journaliste de gauche, un intellectuel de gauche, mais qu'un écrivain de gauche, surtout quand on aimait Baudelaire et Flaubert, cela posait de plus sérieux problèmes.

Je crois que Sartre repérait, chez ces phares à la fois admirés et honnis, une tentation qui l'effleurait lui-même (et dont nous parlerons plus en détail dans quelques pages), ce qui l'agaçait plus encore. Car tout homme de gauche qu'il fût, Sartre était aussi, non pas un homme de droite, n'exagérons rien, mais un incorrigible individualiste, ce qui ne fait pas bon ménage avec la modestie exigée par tout engagement dans la cité. Quelque chose en lui compromet sans cesse son enrégimentement dans les troupes militantes de son temps. Il a certes répudié le rêve postromantique de la littérature pure ou du grand écrivain jugeant et méprisant le monde depuis sa tour d'ivoire, mais il a beau faire, il a beau réinventer le marxisme dans sa *Critique de la raison dialectique*, il a beau haranguer Billancourt, il a beau lancer *Libération* sous le slogan « Peuple, prends la parole et garde-la », il reste encore et toujours *Sartre*. Et je crois que cela l'inquiète : malgré l'auto-thérapie de choc des *Mots*, il est demeuré l'héritier de Baudelaire, de Flaubert et de Mallarmé. Il est resté un fou de littérature, avec la part d'ombre que cette passion comporte.

À en croire le critique Albert Thibaudet, qui allait encore plus loin, toute la littérature *penche* à droite. C'est sa pente. Et ce n'est pas tout, ajoute-t-il : non seulement, la littérature penche à droite, mais pour le comprendre il faut prêter attention à un phénomène symétriquement inverse : la politique, elle, penche à gauche. Elle est « sinistrogyre ». Le métier d'écrivain fait de vous un homme de droite, celui d'homme politique vous tire à gauche. Si l'on joue à fond le jeu de la politique, on est conduit vers la gauche par un mouvement spontané. Avec la littérature, c'est l'inverse.

Il y a dans le raisonnement de Thibaudet une bizarrerie qui aura peut-être immédiatement sauté aux yeux du lecteur. Si l'on admet, en effet, que la politique penche à gauche, cela signifie-t-il que la droite, elle, ne relève pas de la politique ? Ou qu'elle relève d'un autre champ, d'une autre logique ? Et si c'est le cas, qu'est-ce que cela peut bien vouloir dire ? Pourquoi l'appeler « droite », alors ?

Autorisons-nous ici une petite parenthèse, car l'idée déroutante de Thibaudet mérite qu'on explique un peu comment elle est articulée. Thibaudet, critique littéraire de l'entre-deux-guerres, bourguignon irrécupérable, aimait se pencher sur les doctrines politiques les plus variées comme on se plaît à retrouver les divers terroirs de la France en humant de bons vins. Cela le conduisit à brosser en 1932 un magnifique et œcuménique tableau des *Idées politiques de la France*. On y part d'un constat : la droite est aussi faible dans le monde politique qu'elle est vigoureuse dans le monde des lettres. À quoi cela se voit-il d'abord ? Au vocabulaire. Passant en revue les différentes étiquettes des partis, d'un bout à l'autre de l'hémicycle, Thibaudet remarque que tous les termes utilisés renvoient en réalité à la gauche. C'était le lexique de la Troisième République qu'auscultait Thibaudet, mais la remarque vaut encore aujourd'hui : les partis et sous-partis de droite se disent « républicains », « démocratiques », « populaires ». Même le mot « national » est né à gauche. Les contingents de la droite n'ont pour se nommer eux-mêmes que les mots de l'autre bord ; aucun ne se dira « conservateur », moins encore « réactionnaire ». En France, la gauche détient le monopole de la dénomination politique légitime.

Ce n'est encore là qu'une image, ajoute Thibaudet. Un reflet à la surface du discours. Derrière, il faut prendre la mesure d'un « mouvement pur », d'une « racine schématique ». La politique est animée depuis cinquante, bientôt cent ans, pour nous près de deux siècles, par ce « mouvement sinistrogyre ». Entraînée par son école laïque, la République penche en permanence à sa propre gauche. Pour *être*, la politique demande du mouvement ; la gauche donne à ce mouvement un langage. Et la droite n'a pas sa place dans ce système. Elle est alors « captée par un autre réseau », entraînée vers « une autre hydrographie » : la littérature.

Thibaudet ne se contente pas d'un diagnostic sur son époque. La bobine littéraire qu'il déroule s'étire de Chateaubriand à Proust, du « traditionalisme religieux » au « traditionalisme cérémoniel », comme il dit. Lorsqu'il se laisse un peu aller, il n'hésite plus à affirmer qu'« il n'y a eu de littérature politique originale, vivante, pittoresque qu'à droite et même à l'extrême droite ». Mais c'est surtout à l'aube du XXe siècle, selon lui, que ce phénomène se manifeste. Pourquoi ? Parce que la droite a définitivement perdu la partie sur le plan politique. Elle est condamnée à une « émigration à l'intérieur » et n'exercera plus qu'une fonction de contrôle sur la politique, c'est-à-dire sur la gauche, depuis le poste exclusivement littéraire qu'elle occupe désormais.

Le critique ne tranche pas de manière très nette entre deux interprétations du phénomène, qui impliqueraient pourtant des causes et des conséquences bien différentes : soit il s'agit d'un moment particulier de l'évolution des idées politiques, peut-être éphémère, en tout cas historiquement situé, soit il s'agit d'une distinction de nature entre la droite et la gauche, qui fut et sera toujours vraie. Droite de l'entre-deux-guerres ou droite éternelle ? Droite accidentelle ou droite essentielle ? La seule piste que suggère Thibaudet est la suivante : depuis la Révolution française, et surtout depuis l'épisode quarante-huitard, la politique en France s'identifie au mouvement. Faire de la politique, c'est faire bouger les lignes. Avancer, progresser. C'est la raison d'être de la gauche, et ce pourquoi elle s'identifie avec la politique même.

Le seul programme de la droite, par conséquent, se réduit à envisager les mille et une façons de ralentir sinon d'arrêter ce mouvement. Politiquement, elle n'a aucun *contenu*. Elle est dépourvue d'imagination, n'ayant à défendre que les choses telles qu'elles sont, telles qu'elles vont.

Thibaudet n'ira pas plus loin dans l'exploration des causes éventuelles de son sinistrisme politique et de son dextrisme littéraire. Faisons-le à sa place. Une nuance d'abord : il y a très tôt également une droite du mouvement. Mais c'est d'un mouvement *en arrière* qu'il s'agit : la réaction. Dans *Le Manifeste du parti communiste*, Marx et Engels ont donné une définition parfaitement lapidaire de cette si fameuse pensée « réactionnaire », définition qui me paraît encore pertinente cent soixante-dix ans après : les réactionnaires « cherchent à faire tourner à l'envers la roue de l'histoire ». Et ce n'est pas une bonne idée. On n'est pas obligé, surtout aujourd'hui, de croire à la marche d'une histoire cohérente, faisant triompher qui la Révolution prolétarienne, qui l'Esprit hégélien, qui le libre-échange ou la paix universelle. En revanche, il n'est pas très judicieux, il est même fort dangereux de ne pas prêter attention à l'*irréversibilité* des choses. Je ne sais pas s'il y a une logique dans l'histoire, je suis même presque certain du contraire, mais ce que je sais, c'est que dans l'histoire il y a du nouveau. Il y a du surgissement. De l'événement. Mais aussi de l'engloutissement et de l'évanouissement. C'est le mode même de la réalité, sa matière, pour ainsi dire ; c'est ainsi qu'apparaissent et que disparaissent les choses, pas autrement.

Ce phénomène prend tout son sens si on regarde comment il se manifeste dans la langue et dans le discours. Je ne prendrai qu'un exemple, tout près de nous, un exemple important auquel je serai contraint de revenir à de nombreuses reprises dans les pages qui suivent tant il fut décisif en ce début de XXIe siècle : le débat sur le mariage homosexuel. Quand cette question est-elle vraiment apparue ? Certes pas en 2012, année où le projet de loi fut déposé au Parlement, mais pas bien longtemps avant non plus. Disons dans les années 90, quelque part entre la fondation d'Act Up et la promulgation du PACS. Or c'est ici que tout se joue, et pas ailleurs : dans l'apparition d'une question nouvelle, devenue brusquement légitime alors qu'elle était auparavant, sinon inexistante, en tout cas absurde, extérieure à la sphère des discours en circulation. Sur de tels sujets, comme toujours dans le champ qu'on nomme aujourd'hui « sociétal », c'est-à-dire dans le domaine des mœurs, c'est le discours qui compte. Quand une question a-t-elle commencé de pouvoir être posée : voilà ce qu'il faut se demander. C'est là l'événement véritable. Et c'est, je crois, ce que n'ont pas saisi les opposants si bruyants à la loi sur le « mariage pour tous ». Ils n'ont pas compris qui ils étaient, leur identité politique leur a échappé. Ils se prétendaient simples conservateurs, croyant vouloir préserver les choses telles qu'elles existaient, en l'état ; mais leur position était en réalité bel et bien réactionnaire, car ce à quoi ils s'opposaient s'était *déjà passé*. L'événement était derrière eux, et cela depuis un certain temps. Peu importe la date à laquelle une loi vient effectivement organiser un nouveau régime du mariage et de la filiation ; seul compte le moment où l'on a considéré qu'une telle question méritait d'être posée. Car c'est ce premier moment qui est proprement irréversible.

Du point de vue qui nous occupe pour le moment, il y a donc bien deux droites : l'une qui chérit l'immobilité, la passivité, même, défendant une forme de modestie maximale devant la réalité ; c'est celle dont parle Thibaudet. Mais il en est une autre, qui cherche à ramener la société en arrière, méprisant la réalité plutôt qu'elle ne s'y soumet. La première ne croit pas à l'idée de progrès, ou s'en méfie ; la seconde inverse l'idée de progrès, elle défend un progressisme à l'envers, orienté vers le révolu plutôt que vers l'inédit ; c'est elle qui croit à la « révolution contraire » plutôt qu'au « contraire de la Révolution », pour parler comme de Maistre. Et c'est cette seconde droite, on s'en doute, qui négligera le plus aisément la vieille frontière censée séparer hermétiquement la droite de l'extrême-droite. Pourtant, c'est aussi elle qui ressemblera le plus à la gauche, qui la singera, cherchant à tout prix à lui ressembler, par exemple en descendant dans la rue. Car elle aussi a un contenu, un projet pour la société, une doctrine à appliquer. Disons-le tout net : elle est en fait progressiste.

Nous pourrions y ajouter une troisième, une quatrième, une cinquième droite. La droite libérale, en particulier, constitue à elle toute seule une configuration originale distincte des deux autres, conservatrice et réactionnaire ; elle se dit, quant à elle, explicitement progressiste, tout en s'accordant volontiers au conservatisme aussi bien qu'à la réaction. C'est peu ou prou ce que René Rémond désignait sous la rubrique de l'« orléanisme ». Mais ne nous précipitons pas, nous aurons amplement le temps de l'examiner plus loin. Revenons plutôt à la littérature.

S'il y a, d'un côté, une droite passive et, disons, réaliste, et de l'autre une droite active et réactionnaire, c'est la première, et la première seule, qui entretient une connivence pertinente avec la littérature. Je ne surprendrai pas le lecteur en affirmant que c'est pour moi, et de loin, l'option qu'il faut préférer. Maurras, par exemple, modèle parfait du réactionnaire, souhaitait le retour pur et simple de la monarchie et de l'ordre catholique : il ne fut jamais un écrivain à part entière. Ses tentatives littéraires, honorables au demeurant, manquent terriblement de grâce, de liberté, de folie. Les lecteurs qu'il conserve aujourd'hui sont en quête d'idéologie, pas d'émotion esthétique. Baudelaire, en revanche, dont l'orientation à droite ne fait pas mystère lorsqu'on lit ses proses ou ses écrits intimes, n'envisage pas une seule seconde un retour à l'ordre ancien. Il abhorre la modernité en même temps qu'il s'en fait le théoricien capital. Il ne joue pas un projet de société contre un autre, à la manière des réactionnaires cohérents : il sort du monde. C'est peut-être cela, « le contraire de la Révolution ». *Anywhere out of the world*, dit l'un de ses derniers poèmes en prose. Il est l'incarnation achevée de ce qu'Antoine Compagnon a appelé, il y a une dizaine d'années, les « antimodernes », dans un essai d'histoire littéraire qui porte ce titre.

Voilà bien un mot que je me gardais d'écrire depuis le début de cet essai. « Antimoderne. » Rare et même quasiment inusité pendant des décennies, l'étiquette est devenue omniprésente depuis 2005, l'année où Antoine Compagnon a publié son étude au sous-titre déconcertant, *De Joseph de Maistre à Roland Barthes*. Qu'est-ce donc qu'un antimoderne si le mot permet de brasser si large ? Quel dénominateur commun peut bien réunir le contre-révolutionnaire hyperbolique Joseph de Maistre et le délicat structuraliste amoureux qu'était Roland Barthes ? La littérature, bien sûr. Associée à une défiance plus ou moins agressive vis-à-vis de la modernité, et le tour est joué. Mais est-ce tout ? Certes non. L'antimoderne, s'il n'est pas un simple moderne béat, un moderne au premier degré, n'est pas non plus un réactionnaire : c'est même dans ce pas de côté que réside l'essentiel du propos de Compagnon. Le réactionnaire développe un projet, l'antimoderne une critique. L'un est optimiste, l'autre pessimiste. Le premier porte un étendard, le second les fuit tous. Louis de Bonald, en bon réactionnaire, milite pour le retour à l'Ancien Régime : il croit sa cause crédible. Joseph de Maistre, lui, n'y croit pas ; ou il croit en autre chose, d'un autre ordre, dans une dimension différente ; et lorsqu'il défend une cause, remarquait Cioran dans son remarquable *Essai sur la pensée réactionnaire*, on croirait qu'il travaille à la rendre caduque tant sa prose se gonfle d'exagérations irrecevables. Pas de retour en arrière pour l'antimoderne, mais une mélancolie historique extralucide, souvent déraisonnable, qui lui ouvre les portes de la littérature. Ou qui l'y condamne, puisque toutes les autres voies lui sont fermées.

Revoilà donc l'idée de Thibaudet. L'antimoderne, cet homme de droite fourvoyé en littérature, sait qu'il a perdu la partie. Tout est là. Son œuvre est pétrie de politique en même temps qu'elle échappe mystérieusement à toute perspective politique. Ce n'est pas seulement qu'il serait de droite pour échapper à la gauche, mais il est, plus profondément, écrivain pour échapper à la politique. Ce qui revient au même. On ne dit « de droite » que parce que, dans le vocabulaire politique, seul ce mot permet de décrire une telle attitude.

Philippe Muray écrivain

Il sera souvent question dans ces pages de Philippe Muray. Celui-ci constitue en effet un cas littéraire et politique particulièrement frappant, dans la mesure où il résume à lui tout seul, par son destin *post mortem*, l'évolution générale dont je souhaite parler. Muray n'était en effet pas seulement un écrivain parmi d'autres, mais un obsédé de la littérature, un intégriste du verbe. Il avait pour horizon exclusif, jusqu'à l'*hybris*, l'élaboration d'une œuvre d'art d'un genre nouveau, au mépris de tout ce qui lui était extérieur. Cela ne l'empêchait pas d'être de droite, mais s'il l'était, c'était en vue de mieux créer, de sculpter plus profondément la langue. Et à cette fin seule. « Mauvaise foi », aurait argué Sartre, et il n'aurait pas eu tort ; mais comme le dit justement l'un des titres de Muray : « Il n'y a que la mauvaise foi qui sauve ». Or, qu'est devenu le nom de Philippe Muray depuis sa mort ? Une pure référence doctrinale. Au mieux voit-on en lui un sociologue, un penseur politique, un philosophe si l'on est généreux. Au pire un réservoir de bons mots pour éditorialistes en mal de formules réactionnaires qui fassent mouche. Où se retrouve la littérature là-dedans ? Absolument nulle part. Le succès inattendu de Muray, depuis que Fabrice Luchini lui a consacré un spectacle en 2010, repose sur ce malentendu massif.

Que parmi les écrivains de notre époque, ce soit Muray qui ait donné lieu de la façon la plus manifeste à une telle déformation, cela n'est pas dû au hasard. Il y a, dans son œuvre, une manière d'articuler la politique et la littérature si radicale qu'elle est insupportable à la plupart des oreilles, voire inaudible. N'existe pour Muray que la littérature. Sans reste. Il n'est pas le premier à le penser : Baudelaire, Mallarmé et d'autres ont écrit des choses de cet ordre. La particularité de Muray, c'est que ce principe le conduit en pure contradiction à une poétique *réaliste*. Si seule la littérature existe véritablement, se dit l'écrivain d'avant-garde orthodoxe dans les années 70 où Muray se forme, alors il faut mettre à mort le référent, il faut créer enfin une forme sans fond. Le prétendu réel doit être négligé au profit d'une œuvre *autotélique*, ainsi que je l'apprenais en classe de khâgne, c'est-à-dire une œuvre qui se prend elle-même pour objet et pour fin. Le sonnet allégorique de lui-même, en somme. Le roman sur le roman, et le théâtre sur le théâtre. Ou dans le théâtre. Ou le théâtre-théâtre. Enfin ce que l'on voudra, du moment que l'on néglige l'impératif de représentation, la vieille *mimesis* des Grecs.

Ce n'est pas du tout ce qu'a entrepris Muray. Lui a préféré s'emparer en même temps, contre tout bon sens, des deux ambitions opposées de la littérature moderne : celle de Balzac, peindre exhaustivement la société de son temps jusqu'à « faire concurrence à l'état-civil », et celle de Mallarmé, selon qui « le monde est fait pour aboutir à un beau livre », et pour cela seulement. Muray souhaite donner à son époque une fidèle représentation d'elle-même, mais aussi *détruire* cette époque par le mouvement même de cette représentation, la rendre évanescente, fantomatique, devant le livre qui en donne l'image, devenue seule tangible. Il y a chez lui quelque chose de Néron, poète tyrannique et dément chantant l'incendie de son propre empire.

C'était déjà ce que Muray chérissait en Baudelaire, l'auteur qui a le plus directement nourri sa propre recherche littéraire, au-delà de Balzac et de Céline, ses deux autres grands modèles (autant d'écrivains que, pour diverses raisons, notons-le, et malgré leurs grandes différences, on peut raisonnablement classer à droite). Représenter le réel et le pulvériser, même combat. La littérature a les propriétés du carbone 14, dit Muray : elle détruit ce qu'elle date. On ne comprend son siècle que si on le déserte ; et on ne le déserte que si l'on est parvenu à le comprendre intégralement.

La radicalité de ce type de démarche littéraire, dont Muray forme le parangon, dépasse largement celle de l'antimoderne à la Compagnon. Ce dont un tel écrivain se démarque ne se limite pas à la modernité en marche, mais s'étend à toute la cité, c'est-à-dire à tout ce qui peut relever de la politique de près ou de loin, et jusqu'au genre humain. En témoignent les textes de Muray aujourd'hui moins connus datant de la fin des années 80, qui tournent tous autour de la question de la procréation, ou plutôt de son refus nécessaire. En même temps qu'il s'invente une position pour dire tout le mal qu'il pense de son époque, Muray approfondit jusqu'à l'excès la célèbre formule de Nietzsche, latiniste le temps d'un jeu de mots : *aut liberi aut libri*. Entre les enfants et les livres, il faut choisir – surtout maintenant que la science et la loi le permettent, ajoute Muray. Soit l'on épouse le destin collectif de l'espèce, soit l'on se forge un destin individuel, le seul possible, celui de créateur, et l'on doit *s'interdire* toute descendance. C'est une fécondité ou l'autre.

Cette partie de l'œuvre de Muray déconcerte souvent ses lecteurs de bonne volonté. Se moquer de Ségolène Royal, de Martine Aubry, de la Nuit-Blanche et de Paris-Plage, voilà qui est bien plaisant, mais pourquoi diable s'en prendre ainsi à la reproduction humaine ? À l'espèce ? À *nous*, en somme ? C'est que Muray n'est pas constructif. Il ne joue pas le jeu. Et c'est précisément pour cela qu'il est de droite, dans l'acception particulière que j'essaie de creuser : parce qu'il ne croit pas à la politique, en son sens le plus noble comme le plus mesquin.

Avec Thibaudet, Compagnon et Muray, nous sentons trois manières relativement distinctes de comprendre l'affinité réciproque de la littérature et de la droite. Mais ils convergent bien tous les trois vers une même idée : la littérature des derniers siècles est travaillée par une sensibilité *antipolitique*, et c'est précisément cette sensibilité qui classe paradoxalement la littérature à droite. Dans un registre plus anecdotique, le philosophe Alain, à qui l'on demandait si la distinction entre la gauche et la droite restait pertinente, répondait que celui qui posait une telle question n'était certainement pas de gauche. Ce qui se cache derrière cette litote, c'est la droite dont je parle, cette droite littéraire fuyante, contradictoire, classable par le fait même de s'être voulue inclassable. Une droite essentielle, le cœur même de la droite, à vrai dire, dont la droite de notre époque semble avoir brusquement perdu le souvenir.

Nous retrouvons donc les deux premiers traits de la droite, son caractère hétéroclite et l'impossibilité pour ses membres de s'engager pleinement, d'aller au bout d'une idéologie, quelle qu'elle soit. À ces deux titres, la droite est bien, pour ainsi dire, incompatible avec elle-même. Elle est une perpétuelle étrangère dans son propre camp, dans la mesure très fragile où ce camp existe. Cela explique que quand elle se frotte à la littérature, elle soit le nom, politique malgré tout, d'une échappée hors de la politique. Le seul nom qui reste pour qualifier l'attitude si particulière qui consiste à parler de politique, à se baigner dans la politique, tout en s'en extrayant. À se plonger dans la société tout en la quittant. Elle est le nom d'une méfiance hyperbolique déployée dans une expérience existentielle et dans une langue.

La tentation littéraire de l'homme de gauche

Je ne parle bien sûr que d'une certaine littérature. Ou d'une certaine tendance, à l'intérieur de ce continent difficilement définissable que depuis un peu plus de deux siècles nous nommons « littérature ». De plus, il n'est ici malheureusement question que d'une certaine droite. Les forces réactionnaires, ultraconservatrices, antilibérales, anti-individualistes, qui constituent aujourd'hui la part la plus dynamique de la droite dite pensante, ne nous mènent pas du tout du côté des belles-lettres. C'est donc en un sens bien précis, tissé de paradoxes et de contradictions, que la droite peut entretenir une affinité de principe avec la création littéraire. Et en ce sens seul. Sans quoi la droite, en réalité, pourra s'avérer son pire ennemi.

De l'autre côté, il faut bien que nous disions quelques mots des écrivains de gauche, c'est-à-dire des écrivains pleinement *politiques*, d'autant que la voie littéraire qu'ils empruntent peut se révéler très voisine de celles des antimodernes de Compagnon ou du dextrisme littéraire de Thibaudet. Prenons le cas de Péguy, un auteur qui m'est particulièrement cher (comme il l'est, tiens donc, à Thibaudet, à Compagnon, et même à Muray). Républicain, socialiste anarchisant, dreyfusard jusqu'au bout des ongles, chrétien ferraillant contre la « religion des riches », patriote anti-Action française, Péguy n'était pas un homme de droite, loin s'en faut, malgré sa postérité trompeuse. Il est l'homme engagé par excellence, la question de la cité primant chez lui sur toutes les autres. Il est la gauche entière à lui tout seul. C'est justement pourquoi il préféra longtemps se présenter comme directeur de revue, éventuellement comme philosophe, plutôt que comme écrivain ou comme homme de lettres. C'est encore pourquoi il parle toujours de la « littérature » en mauvaise part. Il y a dans cette « littérature » un parfum déplaisant, le même qui irritera bientôt Sartre ou aujourd'hui quelqu'un comme le jeune écrivain Édouard Louis, qui dit chercher une forme apte à se plier d'abord aux exigences du monde plutôt qu'à celles, complaisantes et stériles, de la littérature. Mais plus encore que ses successeurs, Péguy a largement cédé, lui, à cette tentation littéraire. Car c'était bien une *tentation* : il savait qu'en s'y livrant, il allait contre son engagement. Il obscurcissait sa vision exclusivement politique des affaires humaines. Ce qu'il donne à la littérature, il le retire à la cité. La littérature est une affaire individualiste, en tout cas depuis l'apparition du romantisme, et c'est pourquoi elle déplaît à Péguy ; mais il était lui-même attiré par cet individualisme. Cela explique qu'il se soit finalement résolu à devenir un écrivain et pas seulement l'irréprochable défenseur de Dreyfus ou le gérant d'une petite officine militante en plein Quartier latin. Si Péguy a quelque chose d'un homme de droite, c'est à mes yeux pour cette raison, bien plus que par son attachement à Jeanne d'Arc, par ses polémiques contre

Jaurès ou par son obsession antigermanique des dernières années, autant de penchants qui, après tout, peuvent très bien se marier avec une pensée de gauche.

Les cinq dernières années de sa vie, celles durant lesquelles il produisit ses œuvres aujourd'hui les plus lues, de *Notre jeunesse* à la *Note conjointe sur M. Descartes et la philosophie cartésienne*, il était tourmenté par un livre qu'il lui était, disait-il, impératif d'écrire, mais qui ne verra jamais le jour : ses *Confessions*. Les premières fois qu'il évoque son projet, il en parle aussi comme de *Mémoires*, genre plus impersonnel et historique, plus collectif, dont le but serait de restituer la geste héroïque de l'affaire Dreyfus ; mais bien vite, c'est seulement de *Confessions* qu'il est question, et de façon obsessionnelle. Chacun des nombreux essais que publie Péguy entre 1910 et 1914 en porte la mention. Il faut chaque fois rappeler au lecteur que le véritable horizon de l'écriture sera bientôt atteint, que les publications de circonstance qu'il a sous les yeux ne sont là que pour le faire patienter jusqu'au « temps des *Confessions* », qui finira bien par advenir un jour ou l'autre. Or les *Confessions*, elles, à la différence des *Cahiers de la quinzaine* tels que les avait conçus Péguy, ne relèvent guère d'une logique *collective*. Celles de saint Augustin engageaient un rapport direct de l'individu à Dieu contaminant toute l'énonciation, ce qui fait leur étonnante modernité. Celles de Rousseau, on le sait bien, consistaient à « montrer [...] un homme dans toute la vérité de sa nature », un homme « fait comme aucun de ceux qui existent » ; un homme, même, diront plus tard *Les Rêveries du promeneur solitaire*, « seul sur la terre, n'ayant plus de frère, de prochain, d'ami, de société que [lui]-même ». Est-ce ce vers quoi se dirige Péguy, désertant une fois pour toutes les obligations civiques du polémiste pour se livrer à la seule confession individuelle ? Il en sent la nécessité, en tout cas, sans pouvoir s'y résoudre. Il règle donc la question en optant pour une dénégation généralisée : il rappelle inlassablement cette orientation littéraire à venir, sans s'y engager véritablement. Cette dénégation est en fait ce que la rhétorique appelle une prétérition : annoncer sans cesse que l'on va se confesser bientôt, expliquer par le menu ce en quoi consiste « le propre des *Confessions* », décrire point par point ce qu'il faudra confesser, c'est déjà livrer cette confession, sans avouer qu'on la livre. Péguy invente un régime de l'entre-deux, le seul viable pour lui, qui lui permet de céder à la tentation littéraire tout en continuant d'y résister. Par ce tour de prestidigitateur, il est parvenu à rester un homme de gauche tout en se laissant emporter par la littérature. Péguy est un héros de la contradiction.

Ce type de tentation est loin d'avoir disparu. Tant qu'il existera des visions politiques du monde, certains devront lutter contre les séductions de la littérature. Un exemple m'avait ainsi frappé, il y a quelques années, dans un genre qui pourtant ne paraissait pas relever de la littérature à première vue – et c'était bien le problème. Chacun se souvient des petits essais successifs du fameux « Comité invisible » des éditions La Fabrique : *L'Insurrection qui vient*, *À nos amis* et *Maintenant*. Comme beaucoup de monde, c'est au moment de l'affaire de Tarnac, fin 2008, que j'ai découvert le premier de ces trois pamphlets : une déclaration de rupture radicale adressée à la société contemporaine, conduisant à une description précise et sans merci des conditions d'existence faites à l'homme occidental, sous la forme de cercles infernaux successifs calqués sur *La Divine Comédie*. Le plus renversant, c'était la qualité de la langue qu'on y trouvait déployée, à des années-lumière du style habituel des tracts étudiants et des assemblées générales. La première phrase donnait le ton en deux heptasyllabes aussi désespérés qu'eschatologiques, pas si loin des envolées crépusculaires de Philippe Muray dont je me délectais à la même époque : « Sous quelque angle qu'on le prenne, le présent est sans issue. » Le *no future* du Comité invisible avait des accents verlainiens.

La droite au pouvoir, jamais bien maline, vit dans ce pamphlet un manuel pratique pour émeutier ou terroriste, ce qu'il n'était pas du tout. Mais la réception de l'essai ne fut pas si aisée à gauche non plus, de même que celle des deux essais suivants. « Condensé agressif et stylisé de politique », lit-on dans *Vacarme*, sévère. « Style désabusé, carbonisé, presque dépressif », juge tel blog anticapitaliste. *Le Monde* regrette « un ton péremptoire et un style comminatoire hérités des méthodes les plus contestables de l'Internationale situationniste et de son mentor, Guy Debord ». Un livre à ranger plutôt « dans la catégorie poésie », suggère *Libération*, et les défenseurs du groupe de Tarnac seront souvent des poètes, en effet, comme Nathalie Quintane ou Jean-Marie Gleize. La gêne relève d'abord de la forme. Qu'est-ce que c'est que ce style, se demande-t-on ? Des questions si sérieuses ne sont pas faites pour être laissées à la littérature ! Lorsqu'on prétend proclamer à la face du monde ses quatre vérités politiques, une telle recherche formelle est forcément suspecte.

Péguy ne disait pas autre chose lorsqu'il écrivait en 1900, lui qui sera pourtant plus tard le grand écrivain de l'affaire Dreyfus : « Singulier dreyfusard que celui qui aurait eu seulement le soupçon que ce drame épouvantable pouvait donner matière à de la littérature. » Il est des causes trop nobles et des sujets trop graves pour que la légèreté des écrivains vienne s'en emparer, et nous avons vu comment cette réticence tourmenta Péguy jusqu'à sa mort. Lorsque l'heure est à l'engagement, le littérateur ferait mieux de laisser sa plume au vestiaire.

Écoutons encore le *dibbuk* inventé par Romain Gary dans *La Danse de Gengis Cohn*, fantôme d'un comique juif exécuté en 1944 venu hanter le SS qui l'a tué, les deux personnages hantant en réalité eux-mêmes le subconscient de Gary, tombé dans les pommes à Varsovie en pleines années 60 : « Je crains qu'à force de nous griser de culture, nos plus grands crimes s'estompent complètement. Tout sera enveloppé d'une telle beauté que les massacres et les famines ne seront plus que des effets littéraires ou picturaux heureux sous la plume d'un Tolstoï ou le pinceau d'un Picasso. Et dans la mesure où quelque charnier, soudain entrevu, trouvera aussitôt son expression artistique admirable, il sera classé monument historique et ne sera plus considéré que comme une source d'inspiration, du matériau pour *Guernica*, la guerre et la paix devenant, pour notre bonheur, *Guerre et Paix*. » Ne faut-il pas s'indigner que le malheur des hommes puisse nourrir ainsi les grandes œuvres de la culture ? Qu'il semble pour certains ne servir qu'à cela ? Que la destruction de Guernica culmine en grand format sous le pinceau de

Picasso ? Que Tolstoï trempe sa plume dans le sang de tant de morts ? Mais c'est précisément ce que Romain Gary est en train de faire dans son roman tout en fantaisie et en irrévérence : la gravité de Gary est plus ironique que celle de Péguy.

Aux membres du Comité invisible, c'est cette même légèreté qu'on reproche, aggravée par un caractère non constructif, orgueilleux, incendiaire. Comme Péguy, comme Gary, comme Sartre en un sens, les auteurs de *L'Insurrection qui vient* ont cédé aux séduisantes sirènes de l'individualisme littéraire. Ils ont beau avoir choisi l'anonymat du « comité », à la façon du premier soviet venu, leur complaisance esthétique résonne comme une trahison de la cause. Entre le beau et le bien, il aurait fallu choisir.

Nous pouvons maintenant formuler les choses un peu plus subtilement. Tout le monde ne s'intéresse pas à la politique. Chez certains écrivains, la question n'existe tout simplement pas, et leur entreprise artistique se situe ailleurs. Ne mêlons pas Samuel Beckett à nos petites affaires de droite et de gauche. Mais pour la plupart, la question existe bel et bien, massive et truffée de contradictions, et c'est là que les choses deviennent intéressantes. Car si la littérature peut conduire hors de la politique son auteur et son lecteur, cela ne signifie pas que la politique lui soit étrangère. C'est en se frottant à la politique qu'elle mène hors de la politique. Une littérature *antipolitique* n'est pas une littérature *apolitique*.

Pour la gauche de Péguy et de Sartre, la littérature est une tentation de droite, dangereuse ou salutaire ; en tout cas une tentation individualiste, l'inverse d'un engagement ferme dans la cité. Chacun règle alors le problème à sa manière, et les trajectoires littéraires de Sartre et de Péguy sont loin d'être superposables. Mais c'est bien la même tentation qu'ils ont dû affronter. La littérature pervertit le militant, elle détourne l'homme engagé de ses nobles causes. Cette séduction est si forte que ni Sartre ni Péguy n'ont pu simplement détourner le regard. Sartre en tirera ses grands essais combatifs de biographie littéraire, Péguy laissera libre cours à sa graphomanie tout en prétendant avec une insistance obsessionnelle repousser *sine die* son passage à l'écriture de soi. Il faut bien des acrobaties à l'homme de gauche pour assumer sa passion littéraire.

Pour la droite, c'est le contraire. De Chateaubriand à Muray, en passant par Baudelaire. La littérature est ce qui la protège le mieux, ce qui lui permet de rester elle-même, multiple, modérée, individualiste, justement, et méfiante au fond vis-à-vis de toute vision politique trop stable et cohérente. Les deux traits principaux que nous avons attribués à la droite, sa diversité et sa pondération foncière, se réalisent pleinement dans la littérature. Celle-ci révèle à la droite ce qu'elle n'osait admettre qu'elle était : non pas une idéologie contraire ou symétriquement inverse à la gauche, mais plutôt la contre-utopie d'une idéologie vidée d'elle-même, d'une voie de sortie hors de la politique, formulée pourtant dans les catégories de la politique. La droite est un hold-up lexical.

Ainsi entendu, « littérature » est donc le nom de ce qui, à l'intérieur de la politique, se retourne contre la politique en une langue, en un style, en des œuvres, que ce soit pour échapper à la gauche (c'est-à-dire à la vraie politique) ou pour donner à la droite la possibilité de relever *d'autre chose* que de la politique. Mais sans la littérature, comment la droite pourrait-elle s'avouer qu'elle est fondée sur de tels paradoxes ? Comment pourrait-elle résister à l'envie de devenir une force politique comme les autres ? La littérature constitue certes une tentation pernicieuse pour l'homme de gauche ; mais pour l'homme de droite, une tentation inverse existe, dont la littérature, sa grande alliée, était censée le protéger : la tentation de l'engagement, du militantisme. La tentation de la politique. Et lorsqu'il y cède, l'homme de droite *tourne*, comme on le dit d'une mayonnaise. Il *vire* : à gauche, à l'extrême-droite, peu importe. L'essentiel est qu'il déserte à la fois la littérature et la droite telle que nous l'entendons, cette droite fantomatique et insaisissable qui traverse spectralement les deux ou trois derniers siècles de notre histoire. Et c'est précisément à ce point de basculement que nous sommes situés aujourd'hui.

2

Souvenirs de l'an 2000

Je dois sur mon propre cas quelques explications au lecteur, qui éclaireront sans doute les déclarations péremptoires qu'il vient d'endurer dans ce premier chapitre. Il me semble nécessaire, en la matière qui est ici la nôtre, d'expliquer un peu *d'où je parle,* comme on disait jadis, afin d'éviter que mon propos ne reste trop abstrait. Car ma façon d'entendre la droite ne vient pas de nulle part, ni mon goût de la littérature.

Une enfance bourgeoise

Né en 1985, l'année de la Perestroïka, j'avais tout pour être de droite. Par ma mère, je suis issu d'une famille de médecins de province germanophiles d'assez grande culture livresque, des gens très bien comme on en voit dans les vieux romans. Par mon père, je suis le rejeton de deux différentes dynasties d'industriels français, dont toute une potée de polytechniciens, sensibles à une vision plus anglo-saxonne que gaulliste du capitalisme, et je me trouve affublé d'un nom de famille à consonance aristocratique. Beaucoup de raisons, donc, d'être de droite, mais pas n'importe lesquelles. Je n'ai par exemple guère connu de militaires avant d'avoir atteint l'âge adulte et n'en connais toujours presque aucun. L'extrême-droite n'existait pas non plus pour moi pendant de nombreuses années, ou elle avait la même existence que les vampires et les morts-vivants. C'étaient des histoires que l'on se racontait, pas des personnes réelles que l'on aurait pu croiser. « Je ne reçois pas de gens qui votent Le Pen », disait ma mère en pinçant les lèvres.

Je n'ai pas non plus baigné dans l'atmosphère catholique habituelle des familles de mon milieu ; ma mère, à l'époque, avait un peu oublié ces questions (qu'elle a redécouvertes depuis, mais laissons ma mère tranquille), et mon père a toujours exhibé en riant son anticléricalisme et son athéisme. De plus, les divorces sont courants chez nous depuis deux ou trois générations, ce qui nous distinguait quelque peu de la famille traditionnelle telle que l'on pouvait encore se la représenter dans ces années. Disons que nous avions pris de l'avance ; notre mode de vie commençait tout juste à être possible à Paris, peut-être pas encore à Versailles. Je ne vivais pas non plus, toutefois, complètement à l'écart de la religion, la rencontrant par d'autres membres de ma famille, par mon école (toute ma scolarité s'est déroulée à Saint-Jean-de-Passy, Paris 16e), puis par mes amitiés après le lycée. J'ai reçu pieusement l'ensemble des sacrements que doit recevoir un enfant catholique, avant de perdre la foi à l'adolescence. Je l'ai retrouvée depuis, mais une fois de plus, est-ce bien le sujet ?

À partir de quand fus-je de droite ? Sans doute depuis toujours. La question ne se pose pas vraiment quand on grandit entre Auteuil et Passy. Je me souviens pourtant m'être dit quelques semaines socialiste lorsque j'étais en classe de quatrième. J'avais envie de perturber mes camarades de classe déjà incultes, que j'entendais répéter bêtement les formules creuses serinées par leurs parents sans même savoir ce qu'elles signifiaient. Socialiste, je ne l'étais certainement pas, ne comprenant que lointainement le sens de ce mot ; mais c'était le moyen que j'avais trouvé, à ce moment-là, pour emmerder le monde. Je me rendrais compte bientôt qu'il était tout à fait possible de le faire en restant de droite, ce dont je ne me priverais donc plus.

Je crois que m'est venue très tôt une pensée du type « c'était mieux avant ». La nostalgie d'époques que je n'avais pas vécues, confondues d'ailleurs avec d'autres mondes encore, tout à fait imaginaires ceux-là (ceux de Tolkien ou de Stevenson, bientôt de George Lucas). C'est le lot de bien des enfants lecteurs et des adolescents cinéphiles. Il s'agit là, tel que je m'en souviens, du tout premier indice d'une sensibilité de droite à l'œuvre chez moi : j'étais perméable au charme des mondes engloutis. Conservateur ou réactionnaire, je ne sais pas, mais passéiste assurément.

Le second chemin qu'a emprunté la droite pour se développer dans mon esprit est tout autre. Il a été préparé par un climat familial profondément libéral, à tous les sens du terme. J'ai dit que ma famille paternelle avait une vision assez anglo-saxonne du capitalisme : j'ai tôt su ce qu'était le libre-échange, source de tous les bienfaits, et qu'il fallait se méfier des rapines légales perpétrées par l'État sous le nom d'« impôts ». Rappelons que je suis né au milieu exact des années 80, âge d'or de la pénétration des idées dites néolibérales dans la bourgeoisie française, admirative de Reagan, de Thatcher, lisant parfois Milton Friedman et gardant encore l'élection de Mitterrand en travers de la gorge.

Mais libérale, ma famille l'était à d'autres titres. Depuis plusieurs générations s'y mêlaient des catholiques et des libres penseurs ou, entre les deux, des espèces de néojansénistes austères, rationalistes et républicains peu enclins aux excès de religiosité et aux débordements mystiques. D'autre part, durant toute ma croissance intellectuelle, j'ai baigné dans une ambiance que les polémistes d'aujourd'hui appelleraient « post-soixante-huitarde ». À table, les questions sexuelles n'étaient que modérément taboues, les interdictions venues d'en haut (l'État toujours, et l'Église avec) n'étant jamais vues d'un très bon œil, et j'ai toujours pu à peu près lire et penser ce que je voulais. Nous restions bien sûr attachés à l'ordre bourgeois, mais il planait une atmosphère que les lecteurs de Michel Clouscard et de Jean-Claude Michéa appellent grossièrement « libérale-libertaire ».

Voilà pour un premier état des lieux, sans grande originalité. Comme tout le monde, je suis un produit de ma génération, de mon milieu et d'autres choses encore, bref un échantillon représentatif comme un autre. Mais l'histoire ne s'arrête pas là. Je m'en suis tenu pour le moment aux deux premières caractéristiques de la droite : sa multiplicité interne, entre conservatisme et libéralisme, et sa modération foncière, loin des extrêmes et des diverses formes du militantisme. Mais il reste l'essentiel, à quoi je me préparais sans le savoir : la littérature.

La droite littéraire il y a vingt ans

Que le lecteur inquiet soit tout de suite rassuré : je ne compte pas faire ici le catalogue raisonné des lectures de mon adolescence. Ce qui m'importe, c'est plutôt d'évoquer le paysage littéraire que pouvait rencontrer un jeune homme de dix-huit ou vingt ans de ma génération, plutôt porté vers la droite. Car c'est ce paysage qui s'est aujourd'hui effacé. Tout le monde n'y verra pas de la « grande littérature », j'en ai conscience ; mais c'était une littérature vivante, et elle a disparu.

J'eusse eu vingt ans en 1970 que le climat eût été tout autre. Nous étions au début des années 2000. Les écrivains qui pouvaient nous marquer alors, avec des préférences variables selon chaque lecteur, portaient les noms suivants : Maurice G. Dantec, Michel Houellebecq, Marc-Édouard Nabe. Non loin de là, déjà polémique, Renaud Camus, que je n'ai pour ma part jamais vraiment goûté, même avant ses délires ultérieurs. Moins célèbre en ces années, mais non moins déterminant, Philippe Muray. J'ajouterais volontiers Emmanuel Carrère, ce dont je m'expliquerai plus loin, car son appartenance à la droite ne va pas de soi, et je le lisais peu alors. C'est en tout cas dans cet ordre que j'ai découvert ces différents auteurs, qui firent ma jeunesse et celle de quelques autres.

L'assemblage est hétéroclite, mais ces noms ont au moins un point commun évident : il s'agit d'écrivains, c'est-à-dire que leur but était de produire une littérature nouvelle, qu'ils y aient réussi ou non. Ce sont des romanciers, des essayistes, des diaristes, et non des penseurs, des sociologues, des journalistes ou des philosophes. Ils avançaient dans l'ordre de la littérature, et dans lui seul. C'est ainsi que nous les découvrions et que nous les lisions. Or nous étions de droite, et ces auteurs l'étaient aussi. Notre découverte de la littérature contemporaine était indissociable de cette coloration politique bien particulière.

Rien de tel ne me paraît pouvoir être constaté aujourd'hui. Les idées de droite semblent évidemment avoir gagné du terrain, des livres de droite divers sortent par pelletées à chaque saison, mais c'est la littérature de droite qui a disparu. Dantec et Muray sont morts, Houellebecq, enfin auréolé de son Goncourt, n'écrit plus de bons livres, Nabe et Camus se sont rendus coupables d'excès si accablants qu'ils sont devenus inaudibles. Personne ne leur a succédé.

Le seul de cette époque qui semble avoir vraiment réussi son coup, même s'il a ensuite pris du plomb dans l'aile, c'est Alain Soral. Comme par hasard, il est aussi le seul qui dès le début ait détesté la littérature, assumé d'écrire des romans à thèse dans le seul but de contourner la censure et vite avoué tout le mal qu'il pensait de Muray ou de son ancien ami Nabe, beaucoup trop esthètes pour être respectables à ses yeux. Soral n'a été associé que très fugacement à cette nébuleuse littéraire et s'il s'est tôt chargé de faire comprendre au public qu'il était un pur doctrinaire. Il entraînera dans sa chute le pauvre Dieudonné, excellent humoriste devenu un catastrophique maître à penser pour les antisémites de tous les bords depuis qu'il s'est converti à l'idéologie (et pas à n'importe quelle idéologie).

Parmi cette ribambelle d'auteurs, je crois me souvenir que c'est Dantec que je lus le premier, aussi le moins longtemps, car il m'est vite tombé des mains. Je ne sais même pas où sont passés mes livres de lui ; ils manquent dans ma bibliothèque. Qui se souvient aujourd'hui de ce pauvre hère, mort en 2016 misérable, bouffi, malade et oublié de ceux qui l'avaient starifié quinze ans avant ? Ses romans étaient pour le moins indigestes, mais le charme du personnage était indiscutable. À dix-huit ans, comment ne pas se laisser séduire par cette rencontre improbable entre la culture rock et Léon Bloy, ces lunettes noires, ces bagouzes à tête de mort, cette voix molle de banlieusard vaguement loubard ? On reprocha à Dantec ses envolées paranoïaques sur l'islam, en particulier dans son « journal métaphysique et polémique », *Le Théâtre des opérations* (la partie la plus lisible de son œuvre, d'ailleurs, autant que je m'en souvienne). Mais à l'époque, l'affaire des caricatures danoises du prophète s'apprêtait seulement à éclater. Dantec (et Houellebecq avec *Plateforme*, et Nabe de l'autre côté de la barrière, mais nous y viendrons), Dantec, donc, inaugurait un genre. Et c'était encore, alors, un genre littéraire, délirant, outré en tout, punk et quasi nihiliste. À la Joseph de Maistre, si l'on veut (quoique Joseph de Maistre, lui, n'eût rien contre l'islam) : si débordant, si excessif qu'il dépassait largement la seule cause idéologique pour déboucher dans la littérature.

Houellebecq, malgré sa dégaine improbable, avait plus d'envergure. D'islam aussi il était question avec lui, à cause de *Plateforme*, son troisième roman, qui s'achevait par un attentat, et d'une interview polémique qu'il avait donnée pendant la promotion du livre. Mais il était surtout l'auteur d'*Extension du domaine de la lutte* et des *Particules élémentaires*, deux entreprises réalistes grinçantes, intelligentes, malaxées dans la dépression contemporaine. La critique n'était pas unanime. Il allait publier très bientôt *La Possibilité d'une île*, son meilleur roman à mon goût, pétri de science-fiction comme les romans de Dantec, mais avec beaucoup plus de sobriété et d'efficacité. Cette science-fiction est d'ailleurs la clé de l'originalité de

Houellebecq : il est le seul à être parvenu à marier de cette façon le vieux réalisme romanesque français du XIXe siècle avec un tel climat de série B américaine, penchant qu'il semble avoir malheureusement répudié depuis une dizaine d'années (sans doute depuis sa tentative catastrophique d'adaptation cinématographique de son quatrième roman).

De science-fiction, Marc-Édouard Nabe ne voulait pas entendre parler, lui. Élevé à l'école *Hara-Kiri* et au jazz américain, trublion inégal, grotesque souvent, génial quand il se fait chroniqueur de son siècle, anticlérical ordurier converti au catholicisme avec une passion intacte, il travaillait à cette époque à se rendre parfaitement insaisissable. Il s'était fait connaître une quinzaine d'années plus tôt par un pamphlet pesant, *Au régal des vermines*, et un passage explosif à *Apostrophes*; depuis, il avait publié quatre volumes énormes d'un journal intime bien plus réussi, puis s'était proclamé, surtout à partir du 11 septembre 2001, meilleur ami de la cause arabe, c'est-à-dire apologète en chef du terrorisme islamiste. Ça n'allait pas s'arranger avec les années, et nous recroiserons Nabe un peu plus loin, à la tête d'une petite secte pas piquée des hannetons.

Philippe Muray, quant à lui, que je ne découvris en réalité que quelques années après, avait lui aussi tiré un livre du 11-Septembre. Mais celui-ci clamait, bien loin des envolées de Nabe : « Nous vaincrons, parce que nous sommes les plus morts. » Toute son œuvre dépeignait avec obstination et drôlerie les vagissements post-historiques d'un personnage conceptuel du nom d'Homo festivus, sans article, dans une série de textes courts réunis en gros volumes bleutés. Le roman, expliquait-il, était à la fois nécessaire et rendu impossible par l'époque. Il avait donc trouvé, à moitié à regret, une autre forme littéraire plus programmatique, qui donna lieu à sa série d'essais monumentaux publiés aux Belles Lettres, qui forment encore le sommet de son œuvre (avec la préface de *Minimum respect*, procès halluciné de la poésie à travers les âges et énième adieu potache à l'époque). Muray disait se situer « quelque part entre Hegel et Desproges », et c'était bien cela. Le découvrir avait quelque chose d'une illumination ou, mieux, d'une cristallisation, comme celle dont parle Stendhal à propos du sentiment amoureux. Lorsque l'œuvre de Muray se saisissait de vous, la réalité tout entière vous apparaissait baignée dans sa lumière. Plus rien ne pouvait être formulé autrement que dans sa langue. Il faut l'avouer : Muray avait le don dangereux de vous posséder. Rassurez-vous : on s'en remet tout de même !

Étonnamment, ou pas si étonnamment que cela, Houellebecq, Nabe et Muray avaient tous été adoubés par Philippe Sollers, encore grand maître des lettres en ce temps. Dans les années 90, l'ancien mao avait sacrément tendance à pousser ses poulains le plus à droite possible. Sollers est partout dans le journal de Nabe, et on le retrouve, hilarant, dans *Les Particules élémentaires*, où il encourage le personnage de Bruno à creuser sa veine réactionnaire, celle de « tous les grands écrivains », puis se réjouit, au second essai de son nouveau protégé, de découvrir en lui un « authentique raciste », façon Céline mais pas antisémite. En revanche, cette fois, juge ce Sollers transformé en personnage par Houellebecq, mieux vaut ne pas publier. Dextro-curieux, mais pas fou !

Tout ce beau monde passa donc à *L'Infini*, la revue de Sollers chez Denoël, puis chez Gallimard (les deux éditeurs successifs de Céline, tenez, aujourd'hui réunis en un même groupe), revue qui pesa presque autant à droite que *Tel Quel*, trente ans avant, pesa à gauche. On ne peut guère en dire autant aujourd'hui, où *L'Infini* ne persiste plus que dans une existence quasi spectrale.

Sur ce sujet, le cas de Muray est un peu spécial : plus jeune que Sollers, mais plus vieux que les deux autres, il avait déjà commencé à s'éloigner de son ancien cornac. Mais c'était bien Sollers qui l'avait accompagné au début des années 80, quand Muray avait manifesté ses premières velléités de déserter la langue engoncée de l'avant-garde de la décennie précédente, débouchant alors inévitablement à droite – mais d'une façon plus redoutable que tout ce que Sollers avait pu prévoir. L'auteur de *Paradis* (Sollers, pas le Tintoret), outre qu'il emmena Muray avec lui du Seuil à Denoël, c'est-à-dire de *Tel Quel* à *L'Infini* (et au-delà), édita alors deux grands livres de son pas si jeune protégé : un *Céline*, en 1981, et surtout *Le XIXe siècle à travers les âges*, en 1984, déclaration de guerre érudite à la gauche éternelle. Muray sentait bien le poids dont Sollers menaçait chaque seconde de l'écraser et il quitta ensuite l'adroit navire sollersien pour Grasset, le paquebot de croisière de BHL, avant de déserter derechef (Dieu merci !) et de rejoindre les plus paisibles Belles Lettres.

Que viennent faire Les Belles Lettres dans cette histoire ? La collection Guillaume Budé, certes techniquement conservatrice, est-elle de droite ? Y a-t-il quelque lien que ce soit entre Muray et des noms aussi éternels qu'Aristote, les deux Pline et l'Arioste ? Ce lien existe, et il porte un nom : Michel Desgranges, le patron de la boîte à cette époque, aujourd'hui reclus à la campagne au milieu des livres et des vaches. La chronique qu'il tint quelques années durant sur le site des Belles Lettres (et qu'il poursuit encore de temps à autre sur son blog) nous en laisse un portrait très amusant : réactionnaire, libertarien pur sucre, solitaire ronchon, aussi passionné par Plotin que par les trains, le rock, les films de Bollywood ou l'horlogerie anglaise, Desgranges était pour le moins un drôle d'oiseau. Sous sa houlette, Les Belles Lettres publièrent aussi bien les œuvres de Francis Lalanne qu'une pelletée de grands classiques de la pensée libérale et libertaire, de Proudhon à Ayn Rand, en un catalogue d'une cohérence idéologique à faire exploser la tête de Jean-Claude Michéa. Surtout, il fut le dernier et somme toute le principal éditeur de Muray, celui avec qui l'auteur des *Exorcismes spirituels* acheva véritablement son destin d'écrivain.

Mais revenons à Sollers, ou plutôt à son double maléfique, la seconde figure tutélaire de toute cette droite littéraire de l'an 2000, née la même année que lui, celle du Front populaire, fondateur avec lui de *Tel Quel*, rêvant comme lui de devenir un grand écrivain, mais devenu surtout un bouffon médiatique agité et insatiable ; issu de la gauche littéraire lui aussi, mais ayant beaucoup plus nettement que Sollers dérivé à droite, quoique avec une dose d'anarchisme moins feinte ; mort en 1997, soit juste avant le moment dont je parle, mais ayant tout de même trouvé le temps de former ses troupes : je pense bien sûr à Jean-Edern Hallier, dont le visage et le regard borgne, familiers à toute la France téléspectatrice, quelque part entre

Céline et Régis Jauffret, hantèrent le petit écran pendant deux décennies.

L'histoire de sa revue, *L'Idiot international*, est à l'image de celle du monde des lettres des années 60 à nos jours. Né gauchiste, anar, mai 1968 à son plus caustique, l'esprit du journal s'avéra très vite peu compatible avec un engagement de gauche constructif. L'éternelle Simone de Beauvoir, marraine un temps de la revue, regretta son acoquinage, ne voyant pas en quoi les agitations de Hallier et consorts pouvaient contribuer à l'« unité d'action » de la gauche. L'unité, toujours l'unité... Cette stérilité politique provoqua la première éclipse de *L'Idiot*, qui disparut en 1972 avant de renaître au milieu puis à la fin des années 80 pour un dernier baroud d'honneur ponctué de polémiques en tous genres. On accusa alors Hallier de promouvoir une dangereuse convergence rouge-brune, à cause de quelques communistes réfugiés à *L'Idiot* qui y faisaient du pied aux nationalistes de l'époque. Ce n'est pas ici le lieu de revenir sur cette affaire, mais nous entendons, n'est-ce pas, une antienne connue : c'est celle du syndicalisme révolutionnaire des années 1900 fondant le Cercle Proudhon pour tendre la main au maurrassisme, c'est encore aujourd'hui le fond de la rhétorique d'Alain de Benoist à *Éléments*, ou surtout d'Alain Soral, que nous serons bien obligés d'évoquer bientôt plus en détail, aussi crispant et peu littéraire que soit ce grossier personnage.

Ce serait cependant commettre une vilaine erreur de journaliste que de réduire *L'Idiot international* à cette étiquette politique infamante. Là où le Cercle Proudhon de Georges Sorel et l'inénarrable « Égalité et Réconciliation » de Soral ont fait de cette fusion des extrêmes le cœur brûlant de leur idéologie, cette rencontre resta parfaitement anecdotique à *L'Idiot*. La revue de Hallier incarne tout autre chose, sur un mode bouffon, excessif, et avec un indiscutable succès : la transformation d'une obsession littéraire en institution. Hallier se croyait un destin d'écrivain, il avait tort ; mais il savait ce qu'était la littérature, et il en donna une *image*. Dans le premier numéro de *Tel Quel*, Hallier écrivait : « On n'écrit pas pour devenir écrivain, mais pour justifier le fait qu'on en soit un depuis toujours. » Il y a de l'imposture là-dessous, et l'on comprend que parti d'un tel pied, Hallier n'ait pas produit d'œuvre véritable. Pas de style non plus, pas d'écriture ; mais tout de même un personnage, une ambiance, une certaine électricité. Et une revue, donc, où l'on put lire, quelques années durant, des textes de Muray, de Nabe, de Houellebecq. Autant d'individus à qui l'alliance des rouges et des bruns importait peu (quoique dans le cas de Nabe, on puisse en douter) et dont le seul but sur cette terre était d'échafauder une œuvre littéraire. Autant de purs écrivains, eux, ce qui n'avait pas échappé à Hallier.

Le glas des lettres

Qu'elles étaient belles, mes années 90... Qu'il était beau l'an 2000 ! Qui a remplacé les chers auteurs de droite de ma jeunesse ? Éric Zemmour ? Michel Onfray seconde manière ? Élisabeth Lévy ? Natacha Polony ? Alain de Benoist rené de ses cendres ? Michéa, encore lui ? L'imperturbable Alain Finkielkraut ? Hé oui ! Mais de littérature, dans cette équipe, il n'est plus question. Ou à peine. Même l'aimable Alain Finkielkraut a depuis longtemps troqué son agrégation de lettres pour le titre de philosophe.

Quand exactement ce charmant aréopage de l'an 2000 s'est-il donc dispersé, cédant la place aux suivants ? Quand la droite du XXIe siècle a-t-elle cessé d'être littéraire ? En 2013, l'année de la Manif pour tous et du tournant militant de la jeunesse conservatrice ? En 2010, quand Nabe s'est lancé dans « l'anti-édition » avec *L'Homme qui arrêta d'écrire*, quand Renaud Camus a inventé la formule à succès de « grand remplacement », ou quand Luchini a consacré son spectacle à Muray, assurant sa paradoxale postérité ? Pourquoi pas, mais nous pouvons remonter encore plus en amont : en 2006, où tout s'était déjà joué.

Fin 2005, malgré un battage médiatique de tous les diables, le Goncourt échappe à *La Possibilité d'une île* de Houellebecq. L'auteur ne s'en remettra pas, et c'est pour un bien piètre livre, cinq ans plus tard, qu'il décrochera le prix. Dans cet autre roman enfin goncourisé, en 2010, il mettra en scène son propre assassinat ; mais c'est en 2005 qu'il était mort. Quatre bons livres à la suite, c'était déjà une performance admirable.

L'année suivante, en 2006, c'est Jonathan Littell qui reçoit le Goncourt pour *Les Bienveillantes*, étrange fresque nazi-empathique inaugurant une nouvelle ère d'esprit de sérieux – avez-vous remarqué le nombre écrasant de romans ou d'essais portant sur la Seconde Guerre mondiale ces dernières années, comme si nous ne pouvions plus parler de notre temps avec un peu de hauteur qu'en en passant par là ? Littell était édité par Richard Millet, dont nous retrouverons plus loin le profil patibulaire.

Début 2006 s'achève l'exposition « Mélancolie » de Jean Clair, au Grand Palais, à Paris.

Philippe Muray meurt d'un cancer du poumon, un 2 mars comme Horace Walpole, D. H. Lawrence et Philip K. Dick. Sale date pour les écrivains. Quelques mois plus tard, le 15 novembre, l'État fixe par décret l'interdiction totale de fumer dans les « lieux collectifs », bars et boîtes compris. Muray eût-il réchappé à son cancer qu'il n'eût pas survécu à cette ultime répression antitabagique.

En 2006 encore, Marc-Édouard Nabe, fraîchement viré des Éditions du Rocher qui l'entretenaient jusque-là, placarde son premier tract dans Paris, un éloge du coup de boule de Zidane comme acte terroriste. Contrairement à ce qu'il s'amuse à raconter sur les plateaux télé, il n'abandonne pas du tout l'écriture, mais éditera désormais ses livres lui-même, en marge du système (pas avant 2010, il faut tout de même pondre le pavé). En attendant, dès 2006 donc, il colle des affiches, il étale ses pamphlets sur les murs de Paris. Ses sujets ? Zidane, Siné, Littell, l'Iran, Obama... Nabe à son pire. Écrivain en secret, militant en plein jour, dans une prose lourde qui me fit longtemps dédaigner ses livres suivants (j'avais tort, je dirai plus loin pourquoi). C'est bien sûr quand il milite que Nabe touche le fond. Nul n'échappe à cette vieille loi de la création artistique : trop de militantisme tue la littérature. L'esprit tue, la lettre vivifie.

En 2006, le faux littéraire et vrai militant Alain Soral annonce qu'il rejoint le Front national pour combattre la « déferlante capitaliste et ultralibérale » ; Dieudonné rencontre Jean-Marie Le Pen et Bruno

Gollnisch à la « Fête des Bleu-Blanc-Rouge » au Bourget, dévalant les premiers mètres de cette pente où il finira par s'autodétruire. L'année suivante, Soral fondera « Égalité et Réconciliation », et un an plus tard encore, Dieudonné fera monter le négationniste Robert Faurisson sur la scène du Zénith. Une nouvelle ère s'ouvre.

2006, c'est aussi l'année des manifestations anti-CPE, bel effort de paralysie nationale à la française. La gauche, elle, ne change jamais. Elle ne fait que rajeunir : les manifestants ont quinze, seize ans, et les commentateurs s'en réjouissent. La droite est morte, personne n'est encore au courant ; mais la gauche, elle, est bien vivante. Il était inévitable que la droite se mît bientôt à lui ressembler pour croire qu'elle vivait encore.

Tenez, 2006, c'est encore l'année où *On n'est pas couché* succède à *Tout le monde en parle* sur France 2. Exit les plateaux d'Ardisson accueillant Dantec, Nabe ou Jean-Louis Costes entre deux starlettes. Place aux chroniqueurs sérieux de Laurent Ruquier, Éric Zemmour en tête. La parole est aux journalistes du *Figaro*, plus aux héritiers de Baudelaire. La gauche éternelle est dans la rue, la droite nouvelle sur les plateaux ; il n'y a que la littérature, celle de ma jeunesse en tout cas, qui soit en train de perdre la partie.

C'est en 2006 encore que débuta, pour dix saisons, la réjouissante émission de Frédéric Taddéi, *Ce soir ou jamais*. Longtemps quotidienne, du lundi au jeudi, elle accueillit toutes sortes de penseurs étranges, d'opinions inattendues et frénétiques, du queer au facho, du libertaire de droite au libertarien de gauche, du néoconservateur atlantiste au militant propalestinien, et nous fûmes nombreux devant nos postes à nous délecter quelques années durant de ces petites complies de la liberté de penser n'importe quoi et de le penser n'importe comment. Cependant, *Ce soir ou jamais* n'était pas *Apostrophes*. On y parlait parfois de littérature, au plaisir manifeste de Taddéi, mais c'est la politique qui gagnait systématiquement la partie. Car la politique, cet éternel éléphant dans un magasin de porcelaine, ne peut s'empêcher de tout emporter et de tout détruire sur son passage. C'est sa nature et son office.

Deux ans après la première diffusion de *Ce soir ou jamais* apparut sur une autre chaîne du service public une nouvelle émission littéraire à succès, toujours en place, elle : *La Grande Librairie*. Cette fois, c'est bien de littérature et d'elle seule qu'il était et qu'il est encore question. Mais là-bas nul ne s'écharpe, aucune bizarrerie idéologique de l'époque n'affleure, on a l'éloge et le sourire faciles et cette fête de la littérature se révèle surtout une piteuse et sempiternelle célébration de la fluidité et du consensus. On est loin des dérapages de chez Bernard Pivot, Bukowski complètement pété se faisant virer sous les semonces de Cavanna, Nabe tabassé hors-champ après son numéro juvénile de clown néo-collabo, les anciens alliés Sollers et Robbe-Grillet s'envoyant des perfidies pendant une heure (8-0 pour Robbe-Grillet), le majestueux Simon Leys réduisant en cendres la pauvre Maria Antonietta Macciocchi et l'ensemble du maoïsme occidental avec elle… Et tout cela au nom de la littérature, bien sûr ! Pivot avait beau ressembler à un notaire de province (tous les notaires ne sont-ils pas de province ?), un vent extraordinaire de liberté soufflait sur son plateau. Taddéi parvint parfois à recréer une telle atmosphère ; mais la littérature lui avait faussé compagnie. Elle s'était réfugiée chez François Busnel, autant dire nulle part. Les noces de la liberté et de la littérature avaient pris fin. Ce sera désormais soit l'une soit l'autre.

Au bout de 2006, il y avait 2007, c'est-à-dire l'élection de Nicolas Sarkozy à la présidence de la République. Ses deux principaux ennemis : la langue française et *La Princesse de Clèves*. Le sarkozysme triomphant n'était pas littéraire, c'est le moins qu'on puisse dire.

Depuis, nous avons eu droit au Mariage et à la Manif pour tous, deux incongruités qu'aucun de nos ancêtres n'aurait pu prévoir. Marine Le Pen et sa nièce Marion (quatre ans de moins que moi) ont renouvelé le style de l'extrême-droite et séduit la jeunesse. Après Sarkozy, il y a eu Hollande. Et l'auteur à succès Valérie Trierweiler. On peut difficilement dire que les choses se soient arrangées.

J'allais oublier : 2006 est aussi l'année où je fus admis à l'École normale supérieure de Lyon et où je découvris avec un mélange d'effarement et de plaisir ce qui restait d'une véritable extrême-gauche française, celle qui vote à gauche de la gauche de la gauche (quand elle vote), qui cite avec des trémolos dans la voix les auteurs de La Fabrique (qui souvent ne sont pas moi-même pour me déplaire), qui manifeste une fois par semaine, qui hait ensemble la police, l'argent et les religions (sauf une, devinez laquelle), et qui jamais au grand jamais ne se compromettra avec la gauche de pouvoir. J'aurais pu, dans un livre du même genre que celui-ci, raconter ces années de découverte, décrire les plaisants fossiles que j'ai eu la joie de fréquenter, à la façon de Lévi-Strauss chantant les derniers jours des tribus brésiliennes. Mais quelques années ont passé. Je ne me doutais pas encore, à ce moment, que ce serait à droite que l'on retrouverait bientôt tous ces tics, toutes ces manies de l'extrême-gauche. Que le type achevé du militant, en 2018, serait un jeune de droite.

Comme la gauche à laquelle elle ressemble tant, puisqu'elle est comme elle militante, la droite nouvelle se croit plurielle. Elle donne naissance à une multitude de sectes, d'écoles, de groupuscules, lesquels s'étripent d'autant plus volontiers qu'ils se ressemblent comme des frères. C'est maintenant dans cette masse grouillante que j'invite le lecteur à se plonger avec moi.

3

La droite à la rue

2006 avait dégagé le terrain ; 2013 l'occupa. Nous avions perdu nos anticorps, c'est-à-dire nos écrivains. Il ne manquait qu'un virus puissant pour gripper durablement la droite. C'est la Manif pour tous qui s'en chargea.

Nature vs *culture*

En entendant cet « On ne lâche rien ! » retentissant de 2013, on aurait cru retrouver les habituels cheminots en grève, les syndicalistes à collier de barbe, les postiers mécontents, mais non. Tel fut le slogan des « Manifs pour tous » successives qui firent descendre dans la rue près d'un million de personnes (selon les organisateurs), à trois ou quatre reprises, jusqu'au mois de mai où fut promulguée la loi à laquelle on s'opposait et qui ouvrait le mariage aux personnes de même sexe (c'est-à-dire aux couples homosexuels, hommes ou femmes). Puis ce peuple rendu soudainement visible rentra chez lui, dépité, sa protestation ayant été entendue par tout le monde mais guère écoutée par le gouvernement. On put encore observer quelques actions, des chahuts sporadiques, les derniers irréductibles ont continué de *ne rien lâcher*, mais ils n'obtinrent rien non plus.

Les faits sont connus, l'analyse sociologique et démographique de ces troupes, sommaire ou rigoureuse, n'est plus à faire, en tout cas pas par moi (ni le rapprochement périlleux de ces troupes avec le peuple qui clama : « Je suis Charlie » dans les mêmes rues deux ans plus tard, selon l'analyse pour le moins polémique qu'en livra Emmanuel Todd). Revenons-y tout de même un peu.

Le mouvement de la Manif pour tous est aujourd'hui résorbé, quoique l'association du même nom existe toujours. Peut-être renaîtra-t-il de ses cendres à une occasion quelconque, je n'en sais rien. Ce que j'observe avec certitude, en revanche, c'est le rôle déterminant qu'il a joué dans la formation d'une nouvelle jeunesse, celle qui me talonnait tout juste, et qui reste fort vivace. En 2003, l'année de mes dix-huit ans, sortaient *Minimum respect*, pic grotesque de l'œuvre de Muray, *Villa Vortex* de Dantec, *Printemps de feu* de Marc-Édouard Nabe. Découvrir la droite, et se découvrir de droite, c'était découvrir ces livres. Nos nourritures n'étaient guère terrestres. Dix ans plus tard, si j'avais eu le même âge, j'aurais sans doute, Dieu m'en préserve, battu le pavé, brandi des drapeaux et scandé des slogans. Mon initiation politique eût été essentiellement militante, et plus du tout littéraire. Il a suffi de ces dix ans pour que les choses s'inversent drastiquement.

En quoi exactement consistait ce militantisme ? J'ai déjà dit pourquoi il me semblait plus réactionnaire que conservateur, dans la mesure où ce mouvement n'avait pas pris conscience du caractère profondément irréversible du mariage homosexuel une fois que celui-ci était devenu ne serait-ce qu'une *question*. Mais c'est, après tout, un détail : fréquentes sont les revendications qui réclament un *statu quo* ou un moratoire, alors qu'elles exigent en fait une marche arrière pure et simple, sourde aux lois de la réalité même. Plus profondément, un autre affront à la réalité se jouait là, plus durable, plus nouveau, aux conséquences plus néfastes. Et dans ce cas précis, les Manifestants pour tous ne furent pas les seuls responsables : leurs adversaires immédiats l'étaient tout autant, par une faute symétrique. En effet, à en croire la façon dont la controverse s'organisait dans les médias et la rhétorique dont les militants des deux bords faisaient usage, l'opposition était simple : nous avions affaire à une guerre de la nature contre la culture. Ou du naturel contre le culturel. « Un papa ! Une maman ! », beuglaient les manifestants, qui n'avaient que les mots « biologie » et « anthropologie » à la bouche lorsqu'il s'agissait de s'expliquer : la nature est de notre côté. À quoi l'autre camp avait beau jeu de répondre, en levant les yeux au ciel : « Mais tout cela est construit, pauvre cloche, historiquement et socialement déterminé ! En matière sociale, il n'y a pas de faits de nature ! Lisez un peu, lisez, pauvre diable ! Foucault ! Butler ! Et Bourdieu tant que vous y serez ! » Puis, se laissant emporter, dans un élan d'une admirable naïveté, telle Clémentine Autain finissant dans un rire forcé par s'exclamer au nez du falot Bernard Debré : « La nature ? La nature !!!! Vous croyez que ça existe, la nature ? »

Ainsi les termes du débat se polarisèrent. Famille biologique contre famille sociale. Procréation naturelle contre procréation artificielle. Filiation par le sang contre filiation culturelle. Sexualité universelle contre sexualité à la carte. Et ainsi de suite. Chacun prétendait avoir le droit fondamental pour lui. Bien sûr, en se moquant du penchant « naturaliste » de leurs adversaires, les défenseurs du nouveau mariage avaient une idée derrière la tête : ils critiquaient un refrain connu, rappelant la vieille qualification ordurière de l'homosexualité comme pratique « contre-nature ». On ne chasse pas si vite les démons de la bourgeoisie rétrograde. De l'autre côté, en se découvrant une passion pour les sciences positives et pour la naturalité, la bourgeoisie en question voyait plus loin qu'une simple réforme du Code civil. C'est toute la galaxie inquiétante des fameuses *gender studies* qui l'horrifiait : l'idée que rien ne résistait au prisme de la déconstruction, même les données les plus solides et les plus éternelles de l'activité humaine. Tel était leur véritable ennemi.

Il n'était pourtant pas interdit de penser que personne n'avait raison dans cette histoire. Mais par l'effet mécanique de ces débats dont l'époque est si friande, deux bêtises en miroir, presque identiques l'une à l'autre, se faisaient seules face. La nuance et la modération n'avaient pas voix au chapitre.

Je n'ai nulle intention de régler ici l'épineuse question des mutations juridiques de la famille au XXIe siècle ; je veux plutôt en aborder quelques présupposés, certaines implications sous-jacentes, qui me paraissent beaucoup plus intéressantes. Car enfin, que recouvre cette histoire de nature et de culture ? Avec un simple zeste de bon sens, la question est pourtant facile à régler une fois pour toutes, *et qu'on n'en parle plus.* Ce n'est malheureusement pas l'avis des bruyants enfants de la Manif pour tous, qui en parlent beaucoup, eux, aujourd'hui autant qu'hier.

Quand on s'intéresse aux affaires humaines, c'est bien simple : il n'y a pas de culture sans nature, ni de nature sans culture. Un point c'est tout. Sur la question qui nous occupe, cela revient à dire que le mariage n'est certainement pas le strict produit mécanique de la copulation naturelle entre mammifères, fussent-ils hominidés, mais qu'inversement, l'élaboration d'une institution juridique familiale intégralement détachée de toute référence, de tout ancrage dans une naturalité première, est tout simplement absurde. Non pas une faute morale mais une sorte d'erreur technique, une bévue.

Ne chargeons pas trop la charrette de la droite : en cette affaire, c'est bien sûr la gauche qui a commencé. Si la droite a fini par se découvrir une vocation naturaliste, c'est que la gauche avait fait de la nature un ennemi à détruire, un concept faux auquel il fallait opposer un concept inverse (c'était là l'erreur primitive). Et elle y a associé la droite, avant même que la droite soit au courant. Dès l'après-guerre, la droite fut ainsi accusée par Sartre d'être « essentialiste » alors qu'elle ignorait jusqu'à l'existence d'un tel mot. Par cet extraordinaire tour de force rhétorique, la gauche s'inventa au XXe siècle un adversaire qui n'existait tout simplement pas, ou pas encore, ou pas dans ces termes. Mais plus extraordinaire encore, la droite finit par se reconnaître dans cette insulte, comme les vauriens de Jean Genet exhibant et exagérant jusqu'au sublime les tares perverses dont la société les a chargés. On ne naît pas essentialiste, on le devient !

Docilement, la droite devint donc ce que la gauche l'accusait d'être depuis si longtemps. Elle se mit à croire qu'elle devait défendre la nature. Les essences. Le fixe, l'éternel, l'inamovible. En face, à gauche, on s'est trouvé renforcé dans l'idée inverse : tout est culturel, tout est social, tout est construit. Rien n'échappe au démontage savant des sciences humaines. Il n'y a que de l'illusion, et seuls les nouveaux mages sont à même de la dissiper.

Pourtant, contrairement à ce qu'avancent l'ensemble des *cultural studies* qui font le socle de la nouvelle pensée de gauche, l'idée qu'il n'existe dans le monde humain que du *construit* est, au bas mot, vieille comme le monde. Balzac ne dit pas autre chose, tout pétri de biologie soit-il. Rabelais, Molière, Chateaubriand… Ils sont tous d'accord. C'est même déjà ainsi que commence la Genèse : la naturalité n'a qu'un temps, parfaitement mythique, en Éden ; puis commence la civilisation, en même temps que le péché originel. Le monde humain. Il n'y a même pas besoin de passer par Rousseau pour comprendre cela.

Le postulat contemporain des *studies* en tous genres part donc d'une première naïveté : ils ne se rendent pas compte qu'ils se contentent de réinventer la roue.

Toutefois, ce n'est pas tout, sans quoi on n'en aurait pas fait une telle histoire. La particularité de l'antinaturalisme contemporain réside précisément dans le fait qu'il s'agit d'un antinaturalisme. Ou d'un antiessentialisme, ce qui revient au même. Le principe général est le suivant : puisque tout est construit, tout est déterminé de l'extérieur, alors *la nature n'existe pas*. Et bizarrement, elle a beau ne pas exister, il faut à tout prix la détruire. Ce qui se trouve nié, du même coup, c'est cette chose toute bête qu'on avait toujours sue jusque-là : si l'on construit quelque chose, il faut bien un matériau. On ne fait pas de culture sans nature, ni d'omelettes sans œufs, qui durent bien être entiers avant qu'on les cassât. L'histoire de l'humanité est faite de ce mélange, de cette articulation, de cette immixtion permanente et nécessaire entre essence et existence, entre fixité et liberté. C'est le mode même de la *réalité* – nous y voilà. Croire qu'il n'y a que l'une ou que l'autre, que l'une l'emporte sur l'autre, nature ou culture, c'est tout simplement nier la réalité.

Le mot même de « nature » fait mentir ses thuriféraires aussi bien que ses adversaires. Il existe, certes, une acception dogmatique du mot, surtout au XIXe siècle, assez voisine de celle dont on use aujourd'hui sur les plateaux télé. Mais la « nature » dont parle la philosophie, ce n'est pas cela. Pour le dire au plus simple, la nature, c'est tout simplement *ce qui est.* En un certain sens, le « contre-nature » n'existe pas. La nature, c'est le donné. Ce qui est, donc, ou ce qui *est là*, comme disent les Allemands. Libre à chacun d'aller plus loin, de creuser derrière la nature une plus profonde nature encore, qu'on appellera Dieu si l'on veut, l'Être, l'Absolu, l'Un... C'est un autre problème. Mais ce qui compte, c'est que la nature est ce qui existe, et rien d'autre. Ainsi, ce qui est créé, construit, n'est pas autre chose que la nature ; c'est de la nature dans la nature, de la nature transformée : de la nature encore. De la création dans la Création.

Les catholiques, que l'on a tant entendus lors de la Manif pour tous, auraient pourtant dû le savoir, puisque le christianisme est fait pour se déposer sur toute cette nature, sur l'ensemble de cette réalité, sans le moindre interstice, jusqu'aux confins les plus reculés, et pour faire « monter » cette nature dans la surnature, pour la faire passer à l'éternel, comme disait Péguy. « Je ne suis pas venu pour juger le monde, mais pour sauver le monde », annonce le Christ dans l'évangile de saint Jean. Il n'y a pas d'un côté le monde, celui des scientifiques, des hommes politiques, des artistes, de l'homme de la rue et de la femme au foyer, et de l'autre le christianisme, qui devrait combattre ce monde. Même l'opposition entre la majorité antichrétienne, incroyante, païenne, dépravée ou ce qu'on voudra, à la minorité chrétienne, petite communauté combative des derniers élus, me paraît tout à fait factice. Le terrain du christianisme, c'est le monde entier, tel qu'il est. Car il n'y en a pas d'autre. Il n'y a pas deux mondes, un bon et un mauvais. Le christianisme n'est pas un gnosticisme. C'est pour cela que le Christ est mort d'une mort humaine avant de ressusciter : c'est la nature qu'il a traversée, la nature tout entière, pas autre chose. C'est cela que rappelle le baptême, qui n'a pas vocation à diviser l'humanité en deux, entre baptisés et non-baptisés, mais à *brancher* l'humanité, toute l'humanité, sur l'opération de la mort et de la résurrection du Christ, c'est-à-dire sur la voie du salut – rien que ça. La réduction accélérée du mystère de l'Église, « corps mystique » du Christ aux frontières infiniment mouvantes, à la piteuse « communauté catholique » militante, est l'une des pires conséquences de cette satanée Manif.

Mais point n'est besoin de théologie pour sortir de ce guêpier. Voyez comment la langue française, rien qu'elle, nous informe de ce que le mot « nature » veut dire. Quand parle-t-on de « naturel » ? Non pas quand il n'y a pas de travail, pas de construction, mais *quand le travail ne se voit pas.* Quand le travail a si bien réussi qu'il s'évanouit. Ainsi en va-t-il de la politesse, par exemple, cette fine fleur de la culture française : « Mais c'est bien *naturel*, mon cher. » Trop appuyée, trop artificielle, la politesse s'annule elle-même. Ainsi en va-t-il encore, autre exemple, de notre façon de caractériser les grands styles de l'histoire littéraire. Un style boiteux, boursouflé, pesant, reste « artificiel ». Seuls les plus grands accèdent au « naturel ». Lorsque l'on ouvre l'œuvre de Céline, pour prendre un « style » bien connu comme tel, on est submergé par l'évidence de ce style. Comme s'il avait toujours été là. Céline a beau avoir inventé une langue révolutionnaire, toutes ses phrases coulent de source. C'est sa victoire d'écrivain : il a accédé au naturel. Ainsi de Montaigne, de La Fontaine, de Rimbaud : ils ont bouleversé la langue, mais c'était pour produire une pure spontanéité, tout inédite qu'elle fût. Ils n'ont pas déchiré l'ordre naturel pour imposer leur artifice. Ils ont continué la Création, ils ont recréé la nature, tout entière. Ils ont produit, comme disait Proust, une « langue étrangère dans la langue » : une nature dans la nature. Ils n'ont pas substitué à la réalité une autre réalité distordue : ils ont emmené toute la réalité avec eux, à un nouveau niveau. C'est exactement ce qui manque à tant de nos pompeux écrivains contemporains : le naturel leur échappe. Et c'est ce que nos militants de droite incultes ne peuvent plus comprendre.

Au nom de quoi, sous prétexte qu'il se distrayait dans des bordels homosexuels, se croit-on le droit d'exclure Proust (et le baron de Charlus, au passage) de la *nature*? Car c'est bien à cela que le naturalisme militant conduit au bout du compte. Par quelle torsion cérébrale a-t-on cru que l'homosexualité n'en relevait pas, de cette si impérieuse nature ? Un peu de finesse eût produit un débat tout autre : on eût comparé différentes manières de transformer la nature, de produire à partir d'elle du *naturel* et de l'*artificiel*, selon que la greffe prenait ou non, que la transformation était réussie ou non. On eût calmement repéré que les pratiques homosexuelles et hétérosexuelles ne produisaient tout simplement pas les mêmes fruits, sans que cela conduise à cantonner l'une à la nature et l'autre à la culture, l'une au normal, l'autre au pathologique. Il n'y a que du normal, ou il n'y a que du pathologique : voilà le fond des choses.

Qu'on ne se méprenne pas. Je n'étais pour ma modeste part pas favorable au mariage homosexuel, qui me paraissait saugrenu, puisque le mariage (civil évidemment) me paraît consister davantage en l'organisation institutionnelle de la procréation (ce qui est déjà beaucoup) qu'en un couronnement mystique de la relation amoureuse (en matière religieuse, c'est autre chose, mais ce n'était pas le sujet, n'est-ce pas). Je n'y étais pas farouchement défavorable non plus :

à mes yeux, le train était simplement passé depuis belle lurette. Dans ces conditions, descendre à quelques centaines de milliers de Don Quichotte dans les rues, c'était non seulement se bercer d'illusions, mais commettre au moins deux fautes. La première est celle que je viens de décrire un peu trop en détail : croire qu'en prenant position contre l'homosexualité instituée, on défendait la nature, l'évidence, le donné, l'immémorial. J'en viens maintenant à la seconde faute. De loin la pire à mes yeux, et la plus lourde de conséquences.

Quelques héroïnes

La droite, peut-être pas toute la droite, mais au moins une tradition de droite, la meilleure, la plus belle et la plus riche, la moins de gauche, la plus littéraire assurément, est profondément individualiste. C'est même sa raison d'être. Pour paraphraser une nouvelle fois Thibaudet en changeant un peu ses termes : le collectif penche à gauche, l'individu à droite. Or une telle idée est devenue complètement inaudible.

Le mot « individualisme » a connu un triste destin. Il a servi à caractériser tant de choses, et si hétérogènes, qu'on peine aujourd'hui à lui attribuer un contenu encore pertinent. Employé strictement, il ne désigne plus guère que l'attitude consumériste des vilains banquiers de Goldman-Sachs occupés à leur seule jouissance au mépris de toute notion de bien public. Qu'il ait servi de socle à la Déclaration des droits de l'homme, aux nombreuses variantes du libéralisme, à la pensée anarchiste, au républicanisme de 1870 aussi bien qu'à toute une part du socialisme des décennies suivantes, qu'il ait nourri au XXe siècle les innombrables résistances aux différents totalitarismes du globe, qu'il ait irrigué, enfin, la production littéraire des deux cents dernières années, de Chateaubriand à Céline, tout cela paraît bien oublié.

Tant que la droite se savait individualiste, c'est-à-dire, en l'espèce, libérale, tant qu'au moins elle acceptait cette tendance comme une de ses composantes fondamentales, sa modération naturelle tenait bon. Mais la droite désormais manifeste. Et je ne connais guère de réalité moins individualiste qu'une manifestation. Marcher au pas, en criant à l'unisson les mêmes âneries, tous accoutrés des mêmes sweat-shirts roses : peut-on rêver désindividualisation plus criante ? Au pas !

Jusque-là, la droite n'avait pas la culture de la rue. Que n'a-t-elle conservé cette saine répugnance ! C'était à gauche qu'on manifestait, évidemment, mais aussi à l'extrême-droite, peu avare en émeutes et mouvements de foule en tout genre. Il faut pour manifester des doctrines solides, résumables en slogans lapidaires, des colères cohérentes, une conscience de classe homogène... Tout ce qui manquait à la droite quand elle était elle-même.

On m'objectera avec raison que la droite, pas l'extrême-droite, fut à l'origine d'un des plus grands mouvements de foule des dernières décennies, en 1984, lors des manifestations pour l'école libre. Bizarrerie historique, en effet. Cependant, il faut être complètement bouché pour ne pas percevoir la différence énorme entre ce mouvement plus que trentenaire et les marches de 2013 : *pour* l'école *libre*, ce n'est pas la même chose que *contre* le mariage *pour tous*. Les cortèges de 1984, aussi contraires qu'ils fussent, par leur nature même de cortèges, aux fondements individualistes de la droite, étaient tout de même sacrément de droite, parfait mélange de conservatisme et de libéralisme. *Laissez-nous bien, nous les cathos, faire ce qu'on veut !* Rien de cela en 2013 : le sujet ne concernait même plus les manifestants eux-mêmes, que personne ne voulait forcer à faire quoi que ce soit, et il ne s'agissait nullement de protéger une quelconque liberté. Bien au contraire. Il fallait tout de même manquer singulièrement de jugeote pour ne pas se rendre compte qu'en s'opposant si bruyamment, si massivement à la loi Taubira, on faisait surtout entendre un bien désagréable : « Dehors les pédés, et aux chiottes les gouines ! »

Parmi tous ces manifestants, certains étaient plus lucides que d'autres. Ils surent vite quel était leur véritable ennemi : le libéralisme. Le bon vieil et inoffensif libéralisme, sous toutes ses formes. Pas seulement la liberté de mœurs, entendons-nous bien : le libéralisme en entier, sans exception. Culturel, politique, économique et philosophique.

Tout n'était pourtant pas si clair au départ. Voyez par exemple Frigide Barjot, la plus sympathique de toutes les leadeuses de la première heure, légèrement tapée bien entendu, femme du rigolo semi-professionnel Basile de Koch (lui-même organisateur d'une autre manifestation plus petite et radicale qui défendait le « Mariage pour personne », selon une vieille habitude qui l'avait déjà conduit en 1985 à manifester contre le froid au métro Glacière). Frigide fut vite éjectée du mouvement et partit créer « L'Avenir pour tous », avec un succès moins retentissant. Trop *eighties*, trop farfelue, trop naïve à coup sûr, trop libertaire justement, et la tête pas du tout politique, la pauvre. Un des drames patents de la charmante Frigide, c'est qu'elle les aimait bien, elle, les pédés.

Je ne suis pas sûr qu'on puisse en dire autant de la trop bien nommée Béatrice Bourges, l'une des autres fondatrices du mouvement. À cause de Frigide et de quelques autres, elle fut la première exclue médiatique de la Manif pour tous ; mais dans son cas, ce sont ses accointances trop visibles avec les parties les plus fascisantes du mouvement qu'elle a payées, pas sa modération ni sa folie douce. Elle fonda à son tour une nouvelle association, Le Printemps français (allusion pour le moins abusive au Printemps de Prague), à la ligne plus dure. Elle se lancera ensuite, neuf jours durant, dans une grotesque grève de la faim ; heureusement pour elle, elle ne connut pas l'héroïque destin de l'Irlandais Bobby Sands.

Voyez : quand on se fait débarquer de la Manif pour tous, on fonde sa Manif à soi. Chaque Antigone bannie recrée sa petite Thèbes personnelle : à droite de la droite, celle de Bourges ; à gauche de la même droite, celle de Frigide. Et je ne parle que des figures en vue du mouvement, car les groupuscules séditieux plus obscurs n'y manquaient pas. Quoi qu'il en soit, cette scissiparité spontanée l'indique : malgré les apparences, on nage ici en plein dans le gauchisme éternel, divorce de la SFIO avec elle-même au congrès de Tours, trotskystes échappés de la IIIe Internationale, exclusion des lambertistes par le PCI, scission clandestine de la Gauche prolétarienne avec l'Union des jeunes communistes marxistes-léninistes… On nage aussi, puisque c'est la même chose, dans les perpétuelles guerres picrocholines de l'extrême-droite : Déat contre Doriot, Rebatet contre Vichy, catholiques intégristes contre néopaïens, Florian Philippot se retournant contre Marine Le Pen, qui s'était pourtant retournée contre son père, lequel avait déjà dû essuyer la trahison de Bruno Mégret, etc. Et je ne dis rien du petit monde des soraliens et ex-soraliens, cas d'école particulièrement épatant de cet inéluctable éparpillement de la droite dure. Toute troupe militante est vouée à se diviser, à se subdiviser, à se retourner contre elle-même et à pulluler indéfiniment. Le plus frappant, c'est que ceux qui quittent le navire ne se contentent jamais de reprendre leur liberté. Ils ne retournent pas à la vie individuelle, à l'abri des affres civiques (par exemple, sait-on jamais, pour lire quelques livres). Il leur faut toujours un groupe, une cause. Il faut s'embrigader derechef. Exclu de votre Église militante, vous êtes irrépressiblement conduit à en bâtir une nouvelle le plus vite possible.

À la tête de la Manif pour tous, il ne resta bientôt plus que la troisième fondatrice, Ludovine de La Rochère, toujours active aujourd'hui. Avec elle, le personnel commence à rajeunir. Frigide et Bourges étaient toutes deux issues de la même génération, celle de mes parents, qui a eu vingt ans en 1980 alors que le SIDA commençait à peine à se propager. Elles ont connu les années les plus rayonnantes et les plus cruelles du monde gay, les années d'Hervé Guibert, de Koltès et Chéreau, de Thierry Le Luron, des tubes d'Elton John, de George Michael et d'Étienne Daho, ces années où le cœur de la nuit parisienne était farouchement homo et où Amanda Lear chantait « *Follow me* » de sa voix grave et ambiguë. Ce que par un cliché paresseux on nomme « les années Palace ». Béatrice Bourges et Frigide Barjot ont encore cette époque en tête : c'est cette homosexualité-là que la première, sans l'avoir connue de près bien sûr, déteste certainement, et que la seconde adore toujours et regrette à coup sûr. Je ne pense pas qu'il en aille ainsi de Ludovine, d'une décennie trop jeune. Ce monde lui est tout simplement étranger, donc indifférent. Dans les années 90, il y avait certes Guillaume Dustan, mais cela m'étonnerait que mademoiselle Mégret d'Étigny, devenue vite madame de La Rochère, en ait alors entendu parler. Il serait stupide de le lui reprocher ; mais c'est ainsi.

OGM, pilule, même combat !

Rajeunissons encore d'un cran. Dans la Manif pour tous, ou plutôt à côté d'elle, en complément, un mouvement m'intéresse plus particulièrement :

les Veilleurs. Il est d'autant plus captivant que ses deux principaux fondateurs, Gaultier Bès de Berc (trois ans de moins que moi) et Madeleine Bazin de Jessey (quatre ans de moins que moi), avec lesquels je partage aussi bien la formation littéraire et l'obédience chrétienne que le nom à rallonge (ce qui fait beaucoup), ont par la suite prolongé ce premier engagement dans des voies à la fois voisines et divergentes, qui incarnent de façon presque trop belle les deux options extrêmes de cette jeunesse militante.

Avant de diverger, ils avançaient main dans la main. Ces Veilleurs, ce sont un peu les Gandhi de la Manif pour tous. Leur lutte est pacifique et non violente, ils organisent des *sit-in* façon années 60, allument des bougies, s'adonnent à des lectures en public et rêvent de dialogue fraternel avec le premier venu. Plutôt que de marcher et scander dans les cortèges de la Manif (ce qu'ils faisaient de temps en temps, tout de même), ils préfèrent s'asseoir, discuter, écouter. Quelques années avant la gauche, la droite a eu sa « Nuit debout » à elle. En plus pacifique, d'ailleurs. Lorsque des CRS faisaient rang devant eux, les Veilleurs se mettaient à genoux et entamaient des chants scouts. Quelques années plus tard, lorsque les mêmes doux Veilleurs demanderont leur carré de bitume place de la République aux utopistes concrets de la Nuit debout, on leur répliquera par des matraques télescopiques et des coups-de-poing américains. La violence n'est pas toujours du côté que l'on croit.

Cependant, sous Gandhi, il y a aussi Gramsci – cette seconde référence s'avérant étonnamment déterminante chez tous ces jeunes gens. Non violents, les Veilleurs sont aussi des combattants. Mais ce qu'ils cherchent à emporter, ce n'est pas le pouvoir tel qu'on l'entend généralement, qu'il soit économique ou politique, c'est *l'hégémonie culturelle.* En langage gramscien, la « guerre de mouvement » n'est pas encore possible, la stérilité politique de la Manif pour tous le démontrant de façon éclatante ; il faut donc se livrer à une plus patiente « guerre de position ». La révolution, fût-elle conservatrice, devra passer par là. Puisque les voies politiques sont bouchées (de ce point de vue, les Veilleurs furent bien plus clairvoyants que le gros des troupes), il faut emprunter d'autres chemins, ceux des idées, de la culture, des représentations (pas de la littérature, malheureusement). La suite leur a donné raison : c'est effectivement sur ce terrain que la droite a gagné la partie.

Des Veilleurs naquirent deux politiques tout à fait gramsciennes l'une et l'autre, mais bien distinctes. Madeleine de Jessey se lança dans « Sens commun », organisation interne à la droite visant à peser sur le discours de l'UMP-LR, en particulier sur le candidat

Fillon, pour l'orienter vers les préoccupations de la Manif pour tous. C'est ce qu'en bonne stratégie trostko-gramscienne on nomme l'*entrisme*. Jusqu'à la débandade spectaculaire de leur candidat dans la course présidentielle, cette alliance se montra payante et le poids de Sens commun fut loin d'être négligeable dans le succès écrasant de François Fillon aux primaires de la droite. La suite fut moins glorieuse, mais Sens commun n'y était pas pour grand-chose.

Cet étrange petit parti politique devint vite la cible de critiques internes à son propre camp. La plus révélatrice était la suivante : pourquoi choisir de soutenir un candidat aussi libéral que François Fillon, alors que les offres de droite antilibérales s'étaient soudain mises à pulluler, bien plus en accord avec les principes de la Manif pour tous ? Pourquoi Sens commun n'a-t-il pas soutenu Jean-Frédéric Poisson, le successeur de Christine Boutin, ou même le Front national ? Dans les pages de *Famille chrétienne*, la douce Madeleine se livra à un entretien croisé avec Marion Maréchal-Le Pen, née comme elle l'année de la chute du Mur ; Marion avait d'ailleurs déjà été invitée par les Veilleurs de Versailles lors d'une de leurs réunions publiques. Les signes d'entente ne manquaient pas ; mais Madeleine profita de l'entretien pour réaffirmer son incompatibilité avec le Front, trop étatiste, trop obsédé par l'immigration. C'est donc bien par libéralisme que le Front national resta un interdit pour Sens commun. J'y vois au moins deux raisons.

La première relève d'une saine habitude. Madeleine de Jessey et ses compères de Sens commun sont massivement issus du même monde que moi, celui d'une bourgeoisie accoutumée depuis plusieurs décennies à ne défendre le conservatisme qu'à la condition de le mâtiner de libéralisme. Malgré la Manif, malgré les Veilleurs, ce genre de traditions peut avoir la vie dure. Excellente nouvelle à mes yeux, on l'aura compris, mais qui n'était plus du goût d'une partie des manifestants de 2013, lesquels furent déconcertés par l'incohérence de ce parti nouveau censé les représenter. Ils avaient, eux, déjà fait le choix d'un antilibéralisme intégral.

Une deuxième raison, moins voyante et certainement moins consciente, conduisit Sens commun à choisir le giron fillonniste : il ne s'agissait pas de n'importe quel libéralisme. On était loin du libertarisme de Michel Desgranges, l'ancien patron des Belles Lettres, avec ses cowboys à six-coups et son romantisme de l'aventure individuelle. Essentiellement économique d'abord, ce libéralisme avait en outre un caractère punitif, ascétique. À la différence d'un Emmanuel Macron tout débordant d'optimisme, le candidat Fillon promettait le sang et la peine, l'austérité, la plonge pour tout le monde ; c'est un remède de cheval qu'il proposait d'administrer au pays, et advienne que pourra. L'horizon de son libéralisme n'était pas l'opulence, mais la frugalité. Bien que cela déjouât nos catégories coutumières, le fond psychologique de cette vision économique était loin d'être incompatible avec les aspirations antilibérales des manifestants de 2013. Austérité biologique, austérité juridique, et pourquoi pas austérité économique. Il y a plusieurs demeures dans la maison d'Adam Smith.

Cet effort d'équilibrisme idéologique entre libéralisme et austérité à tous crins était périlleux et Sens commun perdit la partie en même temps que Fillon. Le second tour de l'élection présidentielle opposa donc un libéralisme plus cohérent, celui d'Emmanuel Macron, avec un antilibéralisme lui aussi plus cohérent, celui de Marine Le Pen. Pendant ce temps-là, Gaultier Bès, l'autre fondateur des Veilleurs, empruntait un chemin moins balisé mais plus clair que celui de sa camarade Madeleine. Plus naïf assurément, car Gaultier est un grand naïf. Lorsqu'il se choisit un ennemi, à savoir le libéralisme, il ne le ménage pas, lui. La guerre culturelle pure a ceci de commode qu'elle n'exige aucun compromis : au contraire, il lui répugne. C'est de l'intransigeance qu'il lui faut.

Lors des fameuses déclamations publiques des Veilleurs, que lisait-on ? Péguy, Bernanos, Arendt, Mounier... Pas vraiment des auteurs fascistes, mais des conservateurs assurément. L'atmosphère est encore littéraire en apparence mais tire déjà vers autre chose, vers un propos cohérent, une pensée, une sagesse ; autant d'idéaux qui peuvent très bien se passer de la littérature. Et on s'en fichait bien, de la littérature. Si Péguy les intéresse, d'ailleurs, ce n'est pas parce qu'il fut tenté par la chose littéraire, mais parce qu'il lui a résisté, qu'il a freiné des quatre fers devant la perspective de ses *Confessions*. Il est devenu le saint patron des Veilleurs, mais seulement à cause de ses efforts pour rester jusqu'au bout, au prix de contradictions insoutenables, une sorte de martyr laïque sacrifiant tout à la cité. Un champion de l'éthique contre l'esthétique. Que la grandeur de l'œuvre de Péguy vînt de ce tiraillement, de la situation impossible qu'il s'était faite, de cette prolifération d'oxymores et de prétéritions qui caractérise son œuvre, cela ne pouvait bien sûr pas leur apparaître. Aux Veilleurs, on voulait des idées pour demain, du grain de doctrine à moudre, pas de la contradiction, des faux-fuyants, des doubles-fonds romanesques ou poétiques.

Qu'essaie-t-on de penser, aux Veilleurs ? La *limite*. Ce sera le titre du premier livre de Gaultier Bès, en

2014, *Nos limites*, cosigné avec sa femme Marianne Durano (six ans de moins que moi), normalienne comme lui mais agrégée de philosophie, elle, et un certain Axel Rokvam (deux ans de moins que moi), autre membre fondateur du mouvement et relieur de son état. Les droits d'auteur de l'essai furent reversés à la fondation « Espérance banlieue », sorte d'entreprise pédago-missionnaire cherchant à inculquer les vraies valeurs à quelques banlieusards choisis. *Limite*, ce sera également le titre d'une « revue d'écologie intégrale » fondée l'année suivante par Gaultier et quelques comparses, dont Marianne toujours, mais aussi la bientôt célèbre Eugénie Bastié (six ans de moins que moi) et Paul Picaretta (quatre ans de moins que moi), disciple de Fabrice Hadjadj et directeur de la revue. Le propos a le mérite de la cohérence : écologie intégrale, conservatisme intégral, antilibéralisme intégral. OGM, PMA, même combat. Et la pilule idem. Contre l'intensité, la décroissance en toute chose. Il faut savoir laisser le corps d'une femme en jachère comme un champ de culture dont on respecte le rythme de renouvellement, plutôt que de produire ou de jouir à tout prix. Il faut laisser la nature nous dicter ses rythmes. L'ennemi-type de *Limite*, c'est Pierre Bergé, à la fois homme d'affaires et militant LGBT, capitaliste et permissif. Et la figure tutélaire, c'est bien sûr le pape François, pape des pauvres à la sud-américaine, mais aussi auteur de l'encyclique écologique *Laudato Si'* appelant à la « sauvegarde de la maison commune », c'est-à-dire à cette fameuse écologie intégrale. Leurs alliés ? Les socialistes conservateurs du *Comptoir*, regroupés derrière le protestant Kévin Boucaud-Victoire (trois ans de moins que moi), qui prient chaque soir pour l'avènement de la décroissance devant les œuvres complètes de Jean-Claude Michéa, et les littéraires de *Philitt*, menés par Matthieu Giroux (un an de plus que moi, il me semble), « antimodernes » au sens de Compagnon, mais plutôt « anti » que « modernes » à vrai dire. Nous les retrouverons tout à l'heure.

Tous les membres de *Limite* ne sont pas identiques. Eugénie travaille au *Figaro*, ce qui la rend moins anticapitaliste que les autres (mais un peu tout de même). Elle est plus ambitieuse, plus voyante. Il lui a fallu peu d'années et à peine deux ou trois micropolémiques pour devenir la figure de proue de la jeune droite. Elle n'est pas antipathique, mais un peu embarrassante tout de même : journaliste avant tout. C'est la seule du lot que j'ai rencontrée. Paul, homme de théâtre, me paraît plus blagueur que ses compères ; il est aussi celui dont le discours ressemble le plus à celui de la gauche éternelle. Gaultier et Marianne, eux, sont les plus purs. Leur maison de Dreux, la ville où ils enseignent, ne contient pas de frigo, pas de machine à laver. Ils font leur pain eux-mêmes. J'imagine que le soir, ils suspendent en l'air les couches lavables de leurs bambins. Au fond de leur jardinet, s'ils en ont un, ou dans un recoin de leur cuisine, se loge à coup sûr un petit bac à compost. Je me sens à des années-lumière de ces deux jeunes gens, et pourtant ils me plaisent, presque malgré moi. Il se dégage d'eux une douceur qui manque aux autres. Gaultier a les yeux bleus, une barbe en broussaille, une bouille de scout débrouillard. On sent qu'il a une conversation sympathique, un peu trop irénique peut-être. Marianne est ravissante, la suavité faite femme, ses phrases intelligentes s'enchaînent en toute grâce et on la croit incapable du premier grain de brusquerie (on verra plus loin que j'ai tort). Ils sont tout simplement charmants.

Je me les figure bien, débarquant tous les deux à Notre-Dame-des-Landes avec quelques copains, à l'été 2013, espérant que les zadistes leur feront l'accueil bienveillant qu'ils leur auraient, eux, évidemment réservé. N'avons-nous pas le même combat, vous et nous ? Ne pouvons-nous pas faire converger nos luttes ? Déconfiture bien sûr. Ils étaient loin d'être les bienvenus. Gaultier prend un coup dans la tronche et ils se font chasser avant même d'avoir vu la ZAD, tel Moïse condamné à ne jamais fouler la Terre promise. Ce n'est pas parce que la droite de

Gaultier se gauchise que la gauche des zadistes se droitise.

Du reste, Gaultier, Marianne, Paul et même Eugénie sont-ils encore de droite ? Madeleine est restée à l'UMP, elle. Eux, loin de là. À vouloir copiner avec les punks à chien, même sans succès, à désigner l'individualisme, le libéralisme, la croissance, la mondialisation comme autant d'adversaires maléfiques, à jouer le progrès social contre le progrès technique, ne sont-ils pas tout simplement passés à gauche ? Pas exactement. Leur gauchisation s'accompagne bien d'une droitisation. Ils seront d'autant plus anticapitalistes, antilibéraux et altermondialistes qu'ils auront renforcé leur conservatisme. À Gaultier, la porte de la ZAD est fermée, mais pas celle d'Alain de Benoist, qui le reçoit sur son plateau de « TV Libertés ». Ni de droite ni de gauche, ou les deux à la fois, c'est-à-dire de droite. Et pas la meilleure des droites. Une droite un peu trop pure, si cohérente qu'elle fait voler en éclat tout ce que la droite a de précieux, jusque dans ses malentendus et ses zones d'ombre. Je les aime bien, Gaultier et Marianne ; mais en croyant s'être trouvés, ils se sont égarés.

4

L'archipel du conservatisme

Les conservateurs ont compris que le combat devait se mener sur le terrain de la culture. Par culture, je n'entends malheureusement ni la littérature ni l'art, mais la trame même du discours, les soubassements de l'idéologie, le *ce sans quoi* de la pensée. Certains, comme Gaultier et Marianne, vont jusqu'à modifier leur quotidien, toutes les petites pratiques ordinaires et anodines qui font la suite de leurs jours. Ils commencent par une révolution d'eux-mêmes, cette « révolution morale » primordiale que réclamait Péguy, et c'est tout à leur honneur. Mais dans la plupart des cas, on ne va pas jusque-là. On se contente d'une révolution dans le discours ; c'est-à-dire, par les temps qui courent, d'une révolution médiatique.

Les journaux, les revues, les sites, les blogs de droite ont tant pullulé depuis cinq ou dix ans qu'il devient délicat de se repérer dans une telle jungle. En même temps qu'elle a trouvé le moyen de se faire entendre comme jamais, la droite s'est spectaculairement archipélisée, émiettée en une multitude de petits îlots qui réclament chacun leur singularité.

Je ne passerai pas en revue de manière exhaustive l'ensemble de ces organes de néo-presse petits et gros. Si l'on en cherche un dictionnaire documenté, les nombreuses enquêtes de journalistes sur la « fachosphère », la « réacosphère » ou la « cathosphère », que je n'ai pour ma part jamais consultées tant ce genre de lecture m'ennuie par avance, suffisent certainement. Plutôt, je voudrais promener librement le lecteur à travers une galerie d'idées, de figures, de groupements, qui sont autant de versions différentes du même égarement massif de la droite pensante. Une fois la Manif pour tous dispersée, les troupes ont couru en tous sens ; cette apparente diversité ne masque que l'unité profonde de leur méprise. Nous en avons déjà croisé quelques cas, avec Frigide, Béatrice et Ludovine, avec Madeleine, puis Gaultier, Marianne et les autres. Les festifs, les fascisants, les bourgeois, les entristes, les décroissants... Mais ce n'était que le début.

L'art de la réinformation

Une fois n'est pas coutume, commençons par quelques chiffres, que je glane dans une enquête du très sérieux CEVIPOF de Sciences Po. Comme chacun sait, le Front national s'est hissé deux fois dans son histoire au second tour de l'élection présidentielle, en 2002 et en 2017. La première fois, parmi les électeurs âgés de 18 à 24 ans, Jean-Marie Le Pen récolta 9,3 % des voix ; au deuxième essai, sa fille en obtint 39 %. La jeunesse n'emmerde plus le Front national, loin de là. Autre évolution frappante : chez les diplômés d'un niveau bac+4 et plus, le vote FN est passé de 8 % en 2002 à 21,5 % en 2017. Il ne suffit plus d'être jeune et d'avoir fait des études pour rester insensible aux sirènes de l'extrême-droite. Et une ultime remarque enfin : cette mutation du vote nationaliste s'accompagne également d'une évolution doctrinale, que je ne suis pas le premier à souligner. Tandis que Jean-Marie Le Pen, surfant sur la vague dérégulatrice des années 80, se présentait comme le « Reagan français », sa fille assume, elle, une ligne profondément antilibérale plus cohérente : si on ne veut pas que les hommes circulent librement, il en ira de même des biens. Encadrement humain, encadrement économique, c'est tout un – et à ce titre le Front national dirigiste d'aujourd'hui est beaucoup plus voisin des fascismes des années 30 que ne l'était le parti de papa, pourtant peu recommandable lui-même. Marine Le Pen a renoué avec la véritable tradition de l'extrême-droite, qui est une tradition de gauche. Bizarrement de gauche, j'en conviens, mais de gauche tout de même : antilibérale et, par sa promesse d'un monde meilleur, hyperprogressiste.

Les dernières présidentielles ont complètement échappé aux générations anciennes. Une fois l'écroulement de Fillon devenu certain, tout s'est joué entre Emmanuel Macron, Marine Le Pen et Jean-Luc Mélenchon : trois façons d'être « antisystème », trois candidatures indépendantes des deux grands partis du pays. Trois jeunesses, aussi, qui se sont affrontées dans les urnes au nez et à la barbe de leurs aînés stupéfaits. Exit le PS, exit Les Républicains ou l'UMP, aussi enterrée maintenant que le RPR et l'UDF de mon enfance. Les années 90 sont bel et bien derrière nous, et peut-être tout le XXe siècle avec elles.

On me dira que certes, c'est vrai, mais que parmi les trois, c'est Emmanuel Macron qui l'a emporté, un candidat libéral à l'anglo-saxonne. Et qu'il l'a emporté massivement. Le peuple de profs qui a voté Mélenchon est resté à la porte du second tour et Marine Le Pen s'est ridiculisée dans le débat qui l'a opposée au futur vainqueur. Toutes les recettes antisystème n'ont pas la même efficacité électorale.

Admettons. Mais on ne *pense* pas avec un bulletin de vote. Comme disait le très libéral Lysander Spooner, pape des anarcho-capitalistes américains, on se contente devant l'urne de choisir son maître. Nous étions soulagés d'élire Macron sous la contrainte, mais ceux qui adhéraient pleinement à sa vision du monde restaient une minorité. La situation du Front national est inverse. Son échec électoral répété est sa malédiction (Dieu merci !), mais ses idées, disons plus largement toutes les idées qui se situent à la droite de la droite, toutes les formes du conservatisme radical, n'ont cessé de gagner du terrain. L'inéligibilité de la famille Le Pen et le sacre d'Éric Zemmour en librairie (antilibéral itou) confirment l'intuition de Gaultier Bès et de ses Veilleurs : l'avenir de la droite est culturel, pas politique, et il passe par l'antilibéralisme.

Avant que Jean-Marie Le Pen en fasse autant, Philippe de Villiers publia en 2015 ses mémoires politiques. Malgré un titre peu élégant (*Le moment est venu de dire ce que j'ai vu*), il obtint lui aussi un éclatant succès de librairie. À la sortie de la messe, en province, on en causa vivement. Les vieux retrouvaient une figure familière, l'auteur des *Mosquées de Roissy*, éternel comme la Vendée, tandis que les jeunes le découvraient avec un mélange de curiosité et de respect. Sur Poutine son héros, sur l'islam comme d'habitude, sur l'impérialisme yankee, sur les présidents successifs de la

Ve République, le fondateur du Puy du Fou avait quantité de choses à dire. Il était convaincant. Homme d'action, mais pas compromis. Loin de ces pourris de Républicains qui avaient laissé tomber la Manif pour tous, mais pas non plus Front national, ce qui était bien commode. Belle propédeutique, en tout cas, pour voter sereinement le plus à droite possible aux élections régionales de 2015, bientôt aux présidentielles. Une fois le livre refermé et les discussions entre lecteurs enthousiastes épuisées, pour prolonger le plaisir, je les imagine bien chercher en quelques clics une interview ou deux du grand Philippe sur Youtube. Ils atterrissent vite sur « TV Libertés », spécialiste du genre, et voilà tout un monde qui s'ouvre à eux.

Nous y voilà. Qu'est-ce que « TV Libertés » ? Un média de « réinformation », pardi ! À sa tête, Martial Bild, ancien cadre du FN à prénom militaire et patronyme germanique. L'équipe réunit des frontistes anti et pro-Marine, des vétérans du GRECE ou de Radio Courtoisie, des militants identitaires, des anciens et des actuels d'Action française, bref, du beau linge. On y croise Béatrice Bourges, tenez, la rugueuse passionaria du Printemps français. Au moins, l'appartenance de cette officine à l'extrême-droite ne souffre pas l'équivoque. Ce qu'il y a de nouveau, c'est la stratégie médiatique. À la différence des vieux *Rivarol*, *Présent* ou *Minute*, « TV Libertés » est née à l'âge des réseaux sociaux, des vidéos virales et du *crowdfunding*. Elle ne s'adresse pas seulement à quelques fidèles extrémistes acquis depuis des lustres à la cause. Tout le monde peut tomber dessus, n'importe quand. Même si ses plateaux de vraie-fausse chaîne télé suintent l'amateurisme (jetez un œil au « Plus d'Éléments », par exemple, émission particulièrement affligeante animée par le pauvre Olivier François, une dizaine d'années de plus que moi), c'est l'habitude sur le web et personne n'y voit trop à redire.

« TV Libertés » n'est pas un organe officiel de propagande du Front national. Martial Bild, qui y anime une émission sur deux, avec ou sans cravate, a d'ailleurs quitté le Paquebot depuis longtemps. « TV Libertés » est bien un agent culturel, post-gramscien lui aussi, quoique plus engoncé que *Limite*. On y parle de tout, de livres, d'histoire, de société, de religion, de films, de politique internationale. La « liberté » affichée, c'est celle de bafouer le vieux politiquement correct et de dire tout haut ce que tout le monde pense déjà tout haut, mais de le dire un peu plus vulgairement, un peu plus brutalement. On « réinforme », c'est-à-dire qu'on gratte le vernis de l'information officielle pour faire apparaître une vérité plus pure, plus nette, plus libre. Rien de nouveau sous le soleil, en réalité, puisque la vérité en question n'est qu'un petit ensemble d'énoncés clairs et aisément résumables : trop d'immigrés, trop d'islam, un peu trop de Juifs, trop de conneries d'intellectuels. Ça ne vous rappelle rien ?

Le pluriel de ce « TV Libertés » est évidemment factice. Il ne s'agit que de la grand-messe réconciliatrice de l'extrême-droite, qui a appris à manier cette rhétorique vaguement libertaire depuis que la loi Gayssot lui défend l'accès à son terrain de jeu préféré. Liberté pour les ennemis de la liberté ! Au lecteur, je me contente de conseiller le visionnage de n'importe quel numéro de l'émission « Bistro Libertés ». Autour d'un invité de prestige, Marion Maréchal, Richard Millet ou Paul-Marie Coûteaux, et sous prétexte de débattre, comme toujours, les néo-païens tombent dans les bras des catholiques traditionalistes, les identitaires européistes tapent dans le dos des nationalistes intégraux, les racialistes font des risettes aux racistes et la soupe au cochon se noie dans le vin rouge. On nage en plein dans le « Moderne contre Moderne » de Philippe Muray, cet affrontement du même avec le même qui fait le fond des débats contemporains, mais cette fois, c'est de l'autre côté de la barrière idéologique que la joute a lieu. Ce qui revient au même.

L'ensemble du site est à l'image de cette émission : une sorte d'auberge espagnole franco-française et blanco-blanche où chacun est le bienvenu du moment qu'il creuse d'une manière ou d'une autre le sillon hyperconservateur de l'époque. Ainsi le site a-t-il accompagné la renaissance du moribond *Éléments*, le fanzine des amoureux d'Alain de Benoist (Alain de Benoist compris), étonnamment revenu sur le devant de la scène ces dernières années. Il en héberge les pléthoriques contenus vidéo, comme l'inénarrable « Plus d'Éléments » dont je viens de dire un mot, plateau grotesque réunissant les plumes les plus acérées de la revue, dont on a le plaisir de découvrir les dégaines de VRP ; on prétend y aborder le monde actuel avec drôlerie et pertinence, c'est-à-dire lourdeur, bêtise, vulgarité, maladresses en tous genres, provoquant chez tout spectateur doté d'un minimum d'empathie une gêne profonde, du genre de celles qui vous font regarder vos chaussures en regrettant de ne pouvoir vous téléporter sur une autre planète.

Lorsque ce journal était apparu, il y a de cela quarante-cinq ans, on était en plein boom du GRECE, le Groupement de recherches et d'études sur la civilisation européenne (miam !) et de ce que la presse nommait alors la « Nouvelle droite ». On y défendait déjà de bizarres thèses « néo-païennes », censées guérir le peuple européen de ses vilaines déviances chrétiennes, c'est-à-dire judéo-chrétiennes – c'est-à-dire juives, n'est-ce pas ? Les tenants de ces belles idées n'étaient que rarement néonazis à proprement parler, mais ils aimaient que leurs idées sentent le soufre et l'expérimentation fascistoïde. Aujourd'hui, je dois le reconnaître, ce néo-paganisme plus que *borderline* n'est plus tout à fait au centre de la politique éditoriale d'*Éléments* ; il se contente d'y survivre un peu, notamment à travers une obsession biologique pour le moins tendancieuse et quelques « dérapages » de temps en temps. Pour faire bonne mesure, désormais, le journal accueille même une poignée de chrétiens, dont on se demande ce qui a pu les conduire à fraterniser avec ce vieil ennemi déclaré. Enfin, on ne se le demande pas longtemps, les lignes de convergence n'étant pas si mystérieuses. Quand des catholiques adoptent une ligne communautaire et identitaire, c'est-à-dire anti-universaliste, quand ils en viennent à préférer la chrétienté au christianisme, quand ils oublient sans vergogne le sens même du mot *catholique* (« universel »), on comprend qu'ils finissent par faire alliance avec les apprentis sorciers néo-druidiques d'*Éléments,* « le magazine des idées pour l'Europe » qui propose « une alternative à la pensée unique et à la désinformation »... Tout un programme ! Toujours le même d'ailleurs. Ce qu'il y a de commode avec l'extrême-droite, c'est que non seulement elle ne change jamais, mais que tout le monde y dit toujours la même chose, toutes tendances confondues.

« TV Libertés » et *Éléments* nouvelle manière sont loin d'être des cas isolés et farfelus. La bulle médiatique de l'extrême-droite a depuis 2013 gonflé bien au-delà du raisonnable. Merci internet… « Égalité et Réconciliation », bien sûr, « Méta TV », « Nouvel ordre mondial », le « Salon beige », « Stop Mensonges », « Patriote.info », l'« Observatoire des journalistes et de l'information médiatique », l'« Observatoire de la christianophobie », la « Fondation Polémia » : la liste est longue. Et le petit dernier, version papier, aussi conservateur qu'antilibéral, comme d'habitude (mais pas aussi conspirationniste que ses confrères du web, il faut le reconnaître) : *L'Incorrect*, dirigé par l'incorrigible Jacques de Guillebon (sept ans de plus que moi), ancien murayen dévoyé, éditorialiste obscur, adversaire ordurier du mariage homosexuel et éminence très grise de Marion Maréchal-Le Pen. Que prône-t-on à *L'Incorrect*? Je vous le donne en mille : « l'union des droites », c'est-à-dire la fusion salvifique de la droite et de l'extrême-droite, celle que réclament depuis tant d'années Charles Millon et Chantal Delsol, qui vivent depuis la Manif pour tous une seconde jeunesse militante. Ils étaient déjà, avec le même Guillebon, derrière le lancement d'un maladroit « Cercle Charles Péguy » parisien, en 2013, transposition d'une vieille association lyonnaise du même nom profitant de la Manif pour tenter de « reconstruire une droite authentique » sous les mânes prestigieux du directeur des *Cahiers de la quinzaine.* À la tête du Cercle, un certain Thibaud de Bernis (même âge que moi), ancien de l'AF. Que tout en Péguy s'opposât à leurs idées, personne ne semble les en avoir informés.

Mais revenons à la droite, donc éloignons-nous de Péguy, malheureusement. La pieuvre de la « réinformation » médiatique a en effet quelques tentacules surprenants. Il y a dans l'extrême-droite un vieux paradoxe que ses mutations récentes n'ont pas effacé : toute patriote qu'elle se veuille, toute xénophobe qu'elle paraisse, elle fonctionne souvent comme un *parti de l'étranger.* Les collaborationnistes germanophiles ou carrément nazis des années 40 en forment l'exemple le plus éclatant, mais il est des cas plus subtils. Aujourd'hui cette tendance séculaire se manifeste par une fascination effrénée pour tout ce qui ressemble à un dictateur sur la planète, en tout cas à un chef autoritaire et supposément bien membré. Il était naturel que notre vaste nébuleuse de néo-droite, qui louche tant vers l'*alt-right* à l'américaine, se prenne d'amour pour Donald Trump et pour ses diatribes grossières contre les *fake news* de CNN. Ainsi a-t-on vu fleurir un « Comité Trump France » au slogan alléchant, « Pour la trumpisation de la France », cofondé par le blogueur Vivien Hoch (un ou deux ans de moins que moi), rendu vaguement célèbre pendant la Manif pour tous pour avoir veulement picoté le bouclier d'un CRS de la pointe de son mocassin. Surprise, on peut lui aussi l'entendre sur « TV Libertés » (qui est un peu, toutes proportions gardées, notre Fox News à nous).

Le trumpisme hexagonal n'est cependant qu'un exemple parmi d'autres dans la grande foire aux apprentis dictateurs pour petits Français en mal de figures paternelles : Bachar el-Assad, Viktor Orbán, Erdoğan… Soral et Dieudonné se sont même offert dernièrement quelques voyages en Corée du Nord, d'où ils sont revenus des étoiles rouges dans les yeux. Mais surtout, dans cette vaste mélasse autoritariste, un chef d'État l'emporte haut la main : Vladimir Poutine évidemment.

La Russie est la reine de la réinformation. Je reste aujourd'hui encore stupéfait par la popularité de Poutine dans notre pays et plus stupéfait encore d'observer combien cette popularité augmente de façon proportionnellement inverse à l'âge de mon interlocuteur. Le jeune de droite aime Poutine, c'est un fait – ainsi Jacques de Guillebon, plus sceptique que ses jeunes amis à l'égard de saint Poutine, est comme protégé par ses quelques années de plus. Cependant, toute cette affaire va nettement plus loin que la bonne vieille complaisance française pour la supposée « âme russe ». La jeune droite est infestée d'*agents* moscovites. Il y a quelques décennies, c'était pour le KGB que travaillaient les plus slavophiles de nos concitoyens. Changement de régime oblige, c'est maintenant dans les milieux conservateurs que la Russie recrute. Elle ne s'en cache même pas : pas besoin de services secrets à l'époque de la transparence connectée. Quelques médias suffisent. Deux en particulier, grands copains de TV Libertés, d'*Éléments* et consorts, qui ont chacun leur version francophone et s'avèrent tout à fait officiellement pilotés par Moscou : *Russia Today* (généralement abrégé en *RT*) et *Sputnik News*, qui propose un « regard russe sur l'actualité ». De la propagande, en somme, mais qui a l'honnêteté de s'avouer telle, sans fard.

Laissez-moi vous raconter l'histoire d'Édouard Chanot, un garçon d'un an de moins que moi. Je connais Édouard depuis très longtemps. Nous avons suivi la même scolarité, entre les mêmes murs, formés par les mêmes professeurs. Nous avons même fait un peu de scoutisme ensemble, quand nous étions petits ; nous étions alors membres de la même « sizaine », comme on dit aux louveteaux, les « tachetés », et nous nous sommes toujours bien entendus. Édouard était élégant, curieux, un type bien sous tous rapports. Son père était artiste ; sa mère avait été mannequin, autant que je m'en souvienne. Il n'y avait pas moins plouc que cette charmante famille. Sans être proches, nous avons gardé un semblant de contact après le bac grâce à un ami commun. Puis nous avons cessé de nous croiser, la vie suivant son cours. C'est par internet qu'Édouard a redéboulé dans mon existence. Sur le site de *Sputnik*.

Comme moi, Édouard n'a jamais été de gauche. Tout jeune homme, c'était un libéral tendance dure, du moins en avais-je l'impression. Étudiant à Assas, il avait décroché une « Bourse Tocqueville », qui organise pour ses lauréats un long voyage d'études aux États-Unis leur permettant de bénéficier des leçons de la société civile américaine afin de les importer en Europe. La référence à Tocqueville et à l'Amérique me laissait penser qu'il s'agissait d'une institution strictement libérale, dans la pure tradition du XIXe siècle ; Édouard travailla même un temps pour le Hudson Institute, un *think tank* cofondé par Raymond Aron, ce qui confirmait mon impression. Je sais maintenant que je me trompais quelque peu, car cette fameuse *Tocqueville Fellowship*, d'après son site officiel, ne se contente pas de lutter contre l'État-providence à la française, mais également contre le « multiculturalisme » et la « théorie du genre ». Très libéral, le jeune Édouard était donc sans doute déjà plus conservateur encore. Il y a dix ou quinze ans, ce genre de sensibilité politique vous tournait vers les États-Unis. Les temps changent.

Édouard est un garçon dynamique. Parmi ses nombreuses activités, il s'est engagé comme volontaire en Irak pour l'association « SOS Chrétiens d'Orient », un organisme proche du Front national et qui, vous vous en doutez, a le vent en poupe parmi les jeunes de droite. Il s'est lancé dans une recherche de doctorat sous la direction de Chantal Delsol, décidément la marraine de toute cette génération. Il a publié certaines de ses recherches dans la revue *Krisis*, l'autre organe, avec *Éléments*, de la « Nouvelle droite » façon Alain de Benoist. Il a travaillé pour l'IFP (Institut de formation politique), école de droite bizarre que l'on retrouve souvent dans les CV des jeunes gens évoqués dans ce livre – la même IFP a décerné à Vivien Hoch, notre trumpiste national, un « prix de l'analyse politique » en 2013. Il a ensuite cofondé l'institut Kairos, un nouveau *think tank* visant, lui, à dégommer le « dogme libéral-libertaire » et à sortir de « l'ère de l'individu roi » (refrain connu). Les invités de cet institut ? Quelques conservateurs très fréquentables, comme Rémi Brague ou Pierre Manent, et pas mal de personnalités plus louches telles qu'Alain de Benoist, toujours lui, Thibault Isabel (sept ans de plus que moi), qui dirige *Krisis*, ou encore Patrick Buisson. Les États-Unis s'éloignent… Ils s'éloignent même tellement qu'en 2016, Édouard devient tout bonnement l'animateur vedette de *Sputnik News*.

Il y reçoit toutes sortes de personnalités « antisystème » et se livre lui-même à quelques diatribes bien salées, par exemple contre l'antiracisme et le métissage (je ne l'ai pas précisé : Édouard est lui-même métis, ce qu'il semble avoir d'un coup oublié). J'ai aussi cru comprendre en farfouillant sur internet qu'il avait épousé récemment une *devotchka* russe. Félicitations !

Comment expliquer, en une dizaine d'années, ce glissement des États-Unis à la Russie, ou de la CIA au KGB ? Je sais que la Guerre froide est finie, mais tout de même... Édouard est loin d'être le seul : son destin concentre celui d'une génération entière. Ce qui a sauté, en dix ans, c'est encore une fois l'attachement au libéralisme, à toutes les formes du libéralisme, en même temps qu'explosait l'appétit conservateur de cette ribambelle de jeunes gens. Une vieille et saine méfiance de la droite s'estompe alors, d'une certaine droite en tout cas, la droite antirusse de *Commentaire*, le génial Alain Besançon en tête, qui savait que la Russie autoritaire, qu'elle fût tsariste, soviétique ou poutinienne, restait toujours suspecte. Et que si ridicules qu'on pût trouver les Américains, si détestables les égarements de leur politique internationale, mieux valait toujours Washington que Moscou. Mieux la liberté que l'autorité. Édouard est né trois ans avant la chute du Mur : ce n'est qu'un an après moi, mais c'était peut-être déjà un an de trop.

Il avait par ailleurs toujours été intéressé par les doctrines, les constructions idéologiques, la philosophie politique : pour savoir le véritable sens de la liberté individuelle, du clair-obscur de la contradiction, il lui a manqué comme à tant d'autres la littérature. On ne fait pas de bonne droite avec de l'idéologie.

Le néomachisme et l'alterféminisme

Même si nous nous sommes un peu éloignés de la Manif pour tous, vous imaginez bien que tout ce beau monde est lui aussi farouchement opposé à la « théorie du genre ». Nous tenons là un des moteurs de la course générale de la droite actuelle toujours plus à droite d'elle-même. Je ne suis pas moi-même le plus fervent défenseur de cette fameuse théorie, si tant est qu'elle ait la consistance qu'on lui prête ; pourtant, je dois bien constater que non seulement ses adversaires racontent n'importe quoi, mais surtout, chose plus amusante, qu'ils témoignent contre leur propre camp sans s'en rendre compte. Comme les transgenres et les queers, ils sont des expérimentateurs du *gender*. Ils en font des caisses. Ils réinventent tous les jours la virilité et la féminité avec tant d'insistance qu'ils ont depuis longtemps perdu le « naturel » auquel ils tiennent tant. Ils croient être les gardiens du monde d'hier, alors qu'ils nagent eux-mêmes en plein *gender trouble*, comme nous allons le voir.

Mais faisons d'abord un sort à leur discours, une fois pour toutes. Que défendent au juste ceux qui combattent la théorie du genre ? À première vue : la différence des sexes. L'idée de « genre », pourtant, dont je reconnais qu'elle manque de grâce, ne conduit pas nécessairement à nier cette différence. Après tout, que l'on préfère parler de sexe ou de genre n'implique pas que l'on nie toute différence entre les hommes et les femmes (même si certains en profitent pour le faire). Et de l'autre côté, les apôtres de l'indifférenciation sexuelle n'ont pas attendu les livres de Judith Butler pour désirer la fin de l'usante dichotomie du masculin et du féminin : voyez tous les délires androgyniques du XIXe siècle, ils sont pléthore. Ce que les anti-genre défendent, ce n'est pas cette différence proprement dite : c'est l'idée d'un ancrage de cette différence dans le biologique, c'est-à-dire dans l'animalité. Dans la nature, encore une fois. C'est là leur première confusion : les défenseurs de la civilisation sont des champions de la bestialité.

Ils commettent en outre une seconde erreur : à les en croire, le genre serait l'emblème de l'idéologisation à outrance de l'enseignement primaire et secondaire en France. Quiconque a enseigné, comme moi et tant d'autres, dans un établissement scolaire à peu près normal, sait que c'est parfaitement faux. Ni en biologie, ni en histoire, ni dans quelque discipline que ce soit, on n'est chargé d'apprendre aux enfants qu'ils peuvent choisir leur genre dans un panel large et souple, que l'identité sexuelle est une notion parfaitement fluide, que s'ils sont mécontents de leur zigounette ils pourront la remplacer par une minette quand bon leur chantera. Tout au plus se contente-t-on, par simple bon sens et non parce que les programmes le dicteraient, de souffler dans le sens d'une plus grande égalité entre les sexes, les filles étant souvent moins encouragées que les garçons à réussir dans la vie. Si c'est ça, la théorie du genre…

Mais trêve de débats qui n'en valent au fond pas la peine. Observons plutôt nos jeunes gens en action. Je dois en avertir le lecteur : nous nous apprêtons à croiser quelques personnages plus pénibles encore que ceux que nous venons de quitter. Celui ou celle que les sensations fortes indisposent fera peut-être mieux de sauter quelques pages. Je crois pourtant qu'il est nécessaire d'en passer par là. Toute la droite militante n'est pas aussi ridicule et vulgaire que les sinistres individus dont il sera maintenant question, mais ils forment quelque chose comme l'inconscient collectif de cette nouvelle génération, ils manifestent au plus explicite ce qui, chez des êtres moins brutaux, reste à l'état latent. Ils assument, eux. Et c'est pour cela qu'ils doivent retenir notre attention.

Voyez Julien Rochedy, ancienne tête des jeunes du FN, maintenant surtout actif sur internet – on peut encore le croiser sur « TV Libertés ». Il a pour principal cheval de bataille la disparition de l'antique virilité, des vrais hommes, de ces *Übermenschen* pétant de la testostérone et tombant les filles par pelletées, que les méchantes féministes voudraient museler. À en juger les innombrables photos de lui qu'il fait circuler, le regard de braise du jeune sieur Rochedy a été travaillé de nombreuses heures devant la glace. Il a le poil soyeux, cheveux et barbe, que je l'imagine soigner quotidiennement à l'aide de ciseaux spéciaux, de crèmes et d'onguents pour hommes tels qu'on en voit maintenant sur tous les étals. Julien prend soin de lui. Il porte des T-shirts qui lui moulent le biceps et se tient droit. On dirait un de ces types dans les pubs pour parfums hyperstylisées que l'on voit au cinéma, *Fahrenheit*, *Égoïste* et autres. C'est le David Beckham de l'extrême-droite.

Il est loin d'être seul. La nouvelle obsession virile, « masculiniste » comme disent certains, s'est répandue comme une traînée de poudre depuis une dizaine d'années. C'est d'ailleurs une des clés de la poutinolâtrie ambiante. Le site « Droite d'avant » (bien d'aujourd'hui malgré son nom) tweete, amer, que « les immigrés sont les seuls à pouvoir faire preuve d'une forme de virilité ostentatoire ». Le blogueur droitiste Juan Asensio vante en bombant le torse ses « mâles lectures » (comprendre : pas des lectures de pédé !) et sous chaque pierre qu'il soulève découvre horrifié un sans-couilles, un inverti ou un bas-bleu. Sur Twitter encore, un identitaire en conchie un autre parce qu'« il n'a pas le physique » ; « Alt-Droite » et « Jeune Réactionnaire » dénoncent la dévirilisation ; des dizaines d'autres accusent la théorie du genre de mener une guerre à la masculinité. Et ainsi de suite.

Autrefois, Alain Soral écumait déjà les plateaux télé pour défendre son droit d'être un homme à l'ancienne et, grande classe, de traiter les femmes de connasses si bon lui semblait. Maintenant qu'il sévit exclusivement sur son propre site web, il est loin d'avoir lâché l'affaire. Regardez-le donc, dans ses vidéos, se vanter d'avoir « baisé la femme » d'Untel, traiter tel autre de tapette, démontrer pour la millième fois, entre deux saillies antisémites, ce qui fait de lui un vrai mec. Il provoque ses « fiottasses » d'adversaires à la bagarre, se veut l'ami des flics et des pompiers et diffuse des films de lui en plein exercice de boxe pieds-poings, sa grande fierté (la boxe *française*, Monsieur !). Il y a quelques années, une jeune femme prénommée Binti à qui il envoyait des photos de lui nu avait laissé se propager les clichés sur la toile. Ainsi que Soral l'avait alors fait remarquer, entre deux volées d'insultes routinières, il n'était quand même pas mal foutu pour un mec de cinquante ballets, non ? Comme Julien, Alain prend soin de lui. Et il fait des jaloux.

Ce n'est pas parce qu'on est hyperviril qu'on n'a pas le droit de se crêper le chignon entre copains. Daniel Conversano (un an de moins que moi), youtubeur wannabee à cheveux longs, défenseur de la race blanche, militant anti-arabe et lui aussi apologète des hommes des vrais, s'en est ainsi pris à Soral sur un plateau d'émission sommaire bricolé par Dieudonné. Quel tableau ! Conversano « parle mal » à Soral, l'autre lui dit de « mieux lui parler » (légèrement racailles, les deux « Gaulois ») ; « Non, je ne te respecte pas », lâche le premier dans un ricanement forcé, le second traverse le plateau, crochet du gauche, deux droites, un petit coup de pied au passage ! Ouf, quelques molosses s'interposent, Conversano s'en sortira avec le nez en compote. Ah, ces hommes !

Plus récemment, Soral s'en prend encore, verbalement cette fois, à quelques types dans le même genre que lui qui ont eu le malheur, je suppose, de dire du mal d'« Égalité et Réconciliation » ou du bien d'Israël. Leurs noms (accrochez-vous) : Papacito, Raptor dissident, Marsault. Qui ça ? Papacito : youtubeur à l'accent du Midi, montagne de muscles huilés, identitaire chrétien anti-arabe, barbe fournie et crâne rasé, amoureux des armes et des baffes. Raptor : youtubeur également, copain du premier et d'extrême-droite comme lui, gros poisson dans l'univers de la fachosphère 2.0. Sur Instagram, son compte éloquent, « raptorvsfonte », exhibe des photos de lui à la salle, muscles bandés. On est plus proche de l'esthétique gay *eighties* de Tom of Finland que des grognards de la Grande Armée. Marsault, enfin (trois ans de moins que moi), lui aussi copain de Papacito : sous-Gotlib à tendance facho, auteur de vignettes bédés anti-féministes et anti-pas-mal-de-choses. Son fait d'armes : s'être fait virer de Facebook après avoir subi une vaste campagne de « signalements ». Il est maintenant édité par Ring, maison habituée aux publications tendancieuses (voyez dans le catalogue les livres de Philippe Verdier, Laurent Obertone, un an de plus que moi, ou Walid al-Husseini, quatre ans de moins que moi). Le dessin-type de Marsault représente un bien-pensant ou une bien-pensante quelconque déblatérant des lieux communs jusqu'à ce qu'une montagne de muscles en marcel et Ray-Ban débarque (Tom of Finland, encore vous ?) pour lui dégommer la tête à coups d'extincteur ou de clé à molette. Victoire de la virilité la plus primale sur tous les tortillages du cul de l'époque. Subtil.

Pourquoi Soral nous parle-t-il de ces trois zigues ? Parce qu'il leur manque, à eux, la « vraie virilité » ! Leur erreur, explique Soral, c'est qu'ils confondent la virilité avec le travestissement : c'est pour cela qu'ils se couvrent de tatouages grotesques, contrairement à lui, Alain, qui a gardé son épiderme intact. « Marsault, dans une douche de salle de boxe, il se ferait taper au derche. Le mec c'est un travelo. » Toujours très élégant. « Quand on n'a pas de virilité, on est obligé de la sursignifier par du signe. » Tiens, un peu de sémiologie ! Il n'a pas tout à fait tort, d'ailleurs, Soral, même s'il prend les choses à l'envers : ce qu'il y a de plus affligeant dans toute cette exhibition musculeuse de testostérone, c'est bien sûr son insistance. C'est qu'elle est explicite, et même hyperexplicite, ultra démonstrative. Seulement, si Soral était moins narcissique et moins haineux, il se rendrait compte qu'il tombe exactement dans les mêmes panneaux, et depuis de nombreuses années. Il tient absolument à prouver qu'il est lui-même le *superman* de la virilité éternelle exilée en plein XXIe siècle dégénéré. Or la virilité, si on y tient, est comme la politesse, la noblesse ou l'élégance : elle est de ces qualités qui ne se manifestent que si on ne les formule pas directement. Elle ne s'incarne que si elle n'est pas dite. Autrement, elle s'annule, comme dans cette vieille boutade : « Moi, pour la modestie, je ne crains personne ! » Hurlez que vous êtes poli ou que vous agissez par pure noblesse, martelez votre virilité, et c'est tout l'inverse que vous produirez. Cela vaut aussi dans les jugements que vous portez : comme chacun sait, il n'y a rien de plus impoli que de faire remarquer l'impolitesse d'un invité ; rien de moins noble que de révéler la vulgarité de votre interlocuteur. Rien de moins viril, sans doute, que de passer son temps à crier au pédé entre deux séries de pompes claquées.

La zone dans laquelle nous nous sommes aventurés sent la transpiration et manque singulièrement de femmes. Qu'on se rassure : elles ne sont pas si loin. Le FN avait son égérie masculine en Julien Rochedy, mais il existe aussi son pendant glamour au féminin, la jolie Kelly Betesh (onze ans de moins que moi), que le parti exposa sur toutes ses affiches avant qu'elle suive Florian Philippot parti fonder son petit parti à lui (toujours cette scissiparité de la droite militante, particulièrement dynamique aux extrêmes).

Lorsque l'on croise ces jeunes femmes, on constate une différence fondamentale avec ceux dont nous venons de parler : quand les hommes défendent leur virilité, ils deviennent virilistes, masculinistes, zizistes ; quand les femmes font l'éloge de leur féminité, elles s'engagent, elles, en antiféminisme. Ou en alterféminisme, comme disent certaines. Elles font l'inverse, en somme.

On trouve de tout dans cette autre marmite, et pourtant une unique obsession : en finir avec le féminisme. Il y a les révolutionnaires, qui jettent le bébé avec l'eau du bain, déclarant caduque toute revendication féministe, et les réformistes, qui proposent un féminisme rénové, ajusté. Quoi qu'il en soit, comme toutes les anciennes avant-gardes, le féminisme d'antan semble être devenu une tradition, discutable et amendable, comme toute tradition ; les véritables militants, les protestataires, ce sont maintenant ses adversaires, telle la philosophe arendtienne Bérénice Levet, qui comme tout le monde critique inlassablement la « théorie du genre » et a signé en 2013 ce livre au titre involontairement comique qui sonne comme une parodie des Nuls : *À l'attention des hommes qui aiment les femmes et des femmes qui aiment les hommes.*

Les nouvelles femmes de droite pratiquent l'art de la rupture. L'essentiel de leur propos, si j'en crois leurs titres, consiste à dire « adieu » ; mais pas forcément de la même manière, ni aux mêmes personnes. *Adieu Simone*, annonce un essai de Gabrielle Cluzel, cheftaine super à droite du site super de droite « Boulevard Voltaire ». C'est de Simone de Beauvoir qu'il s'agit, bien sûr, grand méchant castor du féminisme conquérant. Selon notre droitière, nous vivons enfin « les dernières heures du féminisme » : ouf ! L'année 2017, entre écriture inclusive et balançage de porcs, ne lui a pas vraiment donné raison. Notre petite Eugénie Bastié est plus subtile, avec son ironique *Adieu mademoiselle* : elle taquine ceux qui ont voulu qu'on ne donne plus aux femmes que du « madame », dézingue les formes contemporaines d'un féminisme qu'elle juge égaré, mais continue, elle, de se réclamer de la grande Simone. Ce qu'elle dénonce, c'est la « défaite des femmes », dit son sous-titre : le féminisme marque trop de buts contre son camp, il faut lui tirer les bretelles. Elle est un peu garçon manqué d'ailleurs, Eugénie, comme ses copines Élisabeth Lévy et Natacha Polony. Elle aime les vestes en cuir et la polémique. Elle est bavarde, parle trop vite, mâchant ses mots comme une ado en débat d'éducation civique. Si les petits garçons et les petites filles ne jouent plus avec les mêmes jouets, dit-elle, c'est à cause du marketing, pas du patriarcat. Quand elle était petite, elle avait les mêmes que ses frères et personne n'en avait cure. La cofondatrice de *Limite* veut ferrailler, mais elle veille à ne pas se tromper d'ennemi : la prétendue libération des femmes masque la libération des capitaux, l'impunité dominatrice des multinationales et la pénétration du marketing dans tous les domaines de l'existence. Nous voilà de retour dans les terres que nous commençons à bien connaître de l'antilibéralisme foncier de la jeune droite contemporaine.

Marianne Durano, sa collaboratrice de *Limite*, la femme de notre cher Gaultier Bès, va encore plus loin qu'elle. *Mon corps ne vous appartient pas*, clame son propre titre – que d'essais sur le sujet en si peu d'années ! Elle est un peu plus littéraire que les autres, mais à peine. Elle se contente de détourner quelques références que ses études lui ont appris à maîtriser (son livre commence en pastiche de Proust ; mais Proust est très loin) au profit d'une visée militante pure et dure. L'adversaire de Marianne, ce n'est pas seulement le capitalisme, c'est plus largement et plus philosophiquement la *technique*. Celle qu'abhorrent Heidegger, Jacques Ellul et toute la rédaction de *Limite*. Celle qui enserre et contraint le corps de toute femme occidentale dès sa nubilité, chez le gynécologue et dans les pharmacies où elle achète ses plaquettes de pilules. La technique n'est pas neutre, écrit Marianne. Je ne suis pas malade, proteste-t-elle encore. Règles et grossesse ne relèvent pas de la pathologie : bas les pattes, vilains docteurs ! Marianne part toute seule à la redécouverte de son corps, de sa féminité incarnée, de ses cycles et de sa fécondité. Grand bien lui en fasse. C'est peu ou prou le discours de la conférencière à succès Thérèse Hargot (un an de plus que moi), grande blonde sexy du genre « femme d'expat' » revenue des États-Unis pour prêcher l'abstinence et la fidélité aux jeunes catholiques excités de France et de Navarre. Un point pour elles : les alterféministes conservatrices sont nettement plus belles que leurs adversaires pro-choix, pro-sexe et pro-tout.

J'ignore si, comme de plus en plus de femmes aujourd'hui, Marianne Durano a choisi d'accoucher à la maison pour échapper à une violence médicale de plus. Cela ajouterait en tout cas à la cohérence du tableau. J'ignore également si elle a croisé la route de gynécologues particulièrement désastreux et brutaux ; je veux bien croire qu'il y en ait beaucoup, ce qui est infiniment regrettable. Mais en chemin, elle semble avoir oublié que la médecine, d'abord, nous préserve de la violence avant d'en produire. Que la technique médicale, quand elle s'appelle péridurale, soulage chaque jour des milliers de femmes – Marianne fait-elle partie de celles, de plus en plus nombreuses, qui refusent la péridurale pour vivre leur accouchement d'une façon plus naturelle, plus pleine, plus féminine ? Je n'en sais rien. Je suppose et j'espère que son petit garçon est en bonne santé. Il se trouve que le mien, de fils, serait mort si notre société était fondée sur des idées comme les siennes. Il avait les épaules trop larges. C'est la nature, après tout, et il faut être à l'écoute de la nature, c'est bien cela ? Les affreux médecins que tu conspues appellent cela une dystocie aux épaules : le bébé ne peut pas sortir, tout simplement, et lorsqu'on s'en rend compte, il est déjà trop engagé dans sa descente pour qu'on puisse envisager une césarienne (encore une technique, tiens, et une très ancienne celle-là ; mais nous n'y avons pas eu droit). On l'aspire, on le tord dans tous les sens, on charcute atrocement sa pauvre mère et finalement on peut l'extraire. Pendant de longues minutes, le cerveau de l'enfant n'a plus été irrigué en oxygène. Lorsque nous faisons sa rencontre, il est inerte, comme mort. Les médecins, les sages-femmes, les infirmières l'emportent et s'agitent autour de lui, tentant sans succès de le réanimer. Lorsqu'on lui soulève le bras, il retombe comme un chiffon. On me dit que je peux l'embrasser, mais j'ose à peine effleurer cette petite grenouille sans vie. Le SAMU débarque et transfère le bébé à toute vitesse à l'hôpital de Port-Royal, qui abrite l'un des meilleurs services de réanimation néonatale en France. Un nouveau médecin, le troisième ou le quatrième en quelques heures, une femme de mon âge, peut-être plus jeune, toute petite avec une longue natte rousse, ausculte Arthur et décide de lui faire subir un protocole d'« hypothermie » : on diminue pendant trois jours sa température de quelques degrés grâce à des pochettes froides qui enserrent son corps minuscule, dans l'espoir que les cellules endommagées de son cerveau, soumises à une sorte d'hibernation artificielle, se reconstruiront d'elles-mêmes. On l'entoure d'une armada de machines clignotantes et invasives. Pendant ce temps, sa mère est transférée à son tour dans le même hôpital et continue d'être auscultée, manipulée par toutes sortes d'individus décidément mal intentionnés, qui soulagent sa douleur, lui parlent, observent pas à pas sa lente récupération. Au troisième jour on réchauffe progressivement le bébé, qu'on a gardé endormi et sédaté depuis le début pour que le froid ne le fasse pas souffrir. On ne le réveille pas encore. Encore deux ou trois jours supplémentaires d'attente et il pourra pénétrer dans une méchante machine, un appareil d'IRM, sous l'œil d'un horrible radiologue. Il est né depuis une semaine quand on annonce à ses parents que l'imagerie de son cerveau est complètement normale. Au médecin qui avait décidé de lancer l'hypothermie, nous allons dire notre gratitude. Elle est émue, elle aussi, mais elle se contient, professionnelle, et répond : « C'est notre travail. »

Leur travail, et ton corps, Marianne.

J'ai bien conscience, ma chère, que c'est un *système* que tu critiques, un ensemble articulé de pratiques et de représentations qui ne sont plus assez interrogées et que tu juges avilissantes. Mais c'est le système qui a sauvé la vie de mon fils et la santé mentale de ses parents. Et cette vie vaut bien un petit frottis de temps en temps. Notre histoire n'est pas un cas particulier ; c'est le fruit immédiat, parmi tant d'autres, des progrès de la médecine. Quand je l'observe, mon enfant ne m'a pas l'air spécialement transhumain ou mutant, ni aucunement aliéné par la technicisation du monde. Il le sera sans doute bien plus par son premier smartphone. Sa mort eût-elle amélioré la condition contemporaine des femmes ? Ta bioéthique décroissante et technosceptique cacherait-elle une sorte de malthusianisme-surprise ? Tu t'affliges, comme beaucoup de catholiques, des centaines d'avortements eugéniques auxquels notre société procède chaque jour ; mais pourquoi ne laisses-tu pas la technique tranquille, elle qui sauve bien plus de vies qu'elle n'en menace ? Tu as raison, tu n'es pas malade. Et j'imagine combien il peut être désagréable de se faire manipuler par un médecin quand rien ne cloche dans ton corps. Mais laisse-les un peu faire. Un jour peut-être ils te sauveront la vie.

5

Où l'on feint de parler d'islam pour revenir à la littérature

Je pourrais continuer de peindre ce tableau de bien des manières. D'autant que j'ai presque systématiquement laissé de côté, depuis le début, un thème qui semble devenu la seule et unique question à agiter le débat public depuis quelques années. Je l'ai fait car je crois qu'il est tout de même possible, de temps en temps, de parler d'autre chose. Il faut pourtant en dire quelques mots, car l'actualité répétitive ne me laisse guère le choix. La question est si délicate que nous ne la trancherons guère ; elle nous sera surtout un prétexte pour retrouver enfin nos véritables préoccupations, loin de l'idéologie.

De la race à la religion

Les racistes de mon enfance, car il y en avait quelques-uns, disaient du mal de beaucoup de monde, des Arabes, des Noirs (plus rarement), mais presque pas un mot des « musulmans » ; la question de la religion ne les effleurait même pas. Dans la cour de récréation de mon école, où il n'y avait presque que des petits blancs, on connaissait des blagues racistes de mauvais goût dont on ne comprenait guère la teneur ; mais de l'islam on ne savait strictement rien. À table, mes parents parlaient d'une paix imminente entre Israël et la Palestine. Yitzhak Rabin n'avait pas encore été assassiné. L'un des meilleurs amis de mon père, professeur de médecine, était libanais et musulman, élevé chez les jésuites ; c'était le parrain de ma sœur (un parrain forcément quelque peu informel). Il mangeait du cochon et buvait du vin ; sa femme, médecin comme lui, était d'origine juive. Il lui était arrivé de faire le ramadan une ou deux fois et on en parlait encore. C'est ce que je connaissais de plus substantiel sur l'islam. J'étais loin du compte.

Il y eut ensuite le voile à l'école, la guerre civile algérienne, Tibhirine, les talibans à Kaboul, le 11-Septembre, la seconde Intifada, le marasme irakien, les émeutes en banlieue de 2005 et de 2007, la burqa, la conversion de Diam's, les exactions sanguinaires de l'État islamique, les attentats, encore des attentats, nombreux, divers, massifs, et les crimes antisémites à répétition. En 2010, parmi les musulmans de France, environ 100 000 étaient des convertis.

En vingt ans tout a changé.

On ne parle plus guère des Arabes, mais, tous les jours, tout le temps, de l'islam et des musulmans. Notre vocabulaire en la matière s'est considérablement enrichi : les Occidentaux connaissent enfin la différence entre les sunnites et les chiites, ils savent que les soufis sont gentils et que les salafistes et les wahhabites sont méchants (mais quelle est la différence entre ces deux dernières tendances, peu savent le dire). Ils ont appris les mots *djihad*, *niqab*, *dhimmi*, *kouffar*, *haram* ou *halal*. Et *Allahu akbar* bien sûr.

On m'objectera que la thématique de la « race » n'a pas pleinement disparu au profit des questions religieuses. Côté gauchiste, on a développé le concept troublant de populations « racisées », désignant ceux que le discours ambiant cantonne à leur race (c'est-à-dire l'ensemble des non-blancs), mais les y cantonnant une deuxième fois en prétendant les en émanciper. Côté conservateur, réactionnaire ou fascisant, la race essaye aussi de revenir en force, encore et toujours. *Éléments* continue de s'intéresser de façon peu mystérieuse à la biologie et à la génétique, Renaud Camus et les identitaires de toutes sortes, nationalistes ou européistes, passent le moindre événement au tamis de leur lecture ethnique, et la starisation récente de l'énarque Henry de Lesquen, autrefois simple figurant farfelu dans le paysage de l'extrême-droite versaillaise, s'explique d'abord par son discours sur les races « congoïdes », « caucasoïdes » et autres, qui séduit les jeunes par son côté *cash* et punk à l'envers. Les jeunes, encore les jeunes !

Mais enfin, toute cette agitation racialiste reste à la marge. En France, à vrai dire, elle y a toujours été rivée. Déjà, au milieu du XIXe siècle, Michelet remarquait que la France pâtissait d'un manque manifeste d'homogénéité raciale, qui était sa chance : elle avait été depuis toujours contrainte de penser son unité sur un mode politique et non ethnique, de l'absolutisme royal au jacobinisme révolutionnaire. Même à cette époque, il était impensable d'envisager une quelconque « race française ». On ne pouvait en dire autant de l'Allemagne, ajoutait l'historien, et l'avenir lui donna effroyablement raison.

Mais revenons à nos moutons : ce qui aujourd'hui nous travaille, ce ne sont pas les races, mais les religions, et une religion en particulier. Or la question religieuse a ceci de frappant qu'elle ne produit pas du tout, malgré certaines apparences, un discours monolithique assignable clairement à telle ou telle idéologie. Les couvertures obsidionales des magazines, de

L'Express à *Valeurs actuelles*, pourraient donner cette impression ; mais en creusant, on découvre une réalité autre. La question de l'islam divise, en effet, mais pas entre la gauche et la droite. C'est chaque camp qu'elle scinde en deux. Le problème du voile, ainsi, a depuis longtemps séparé les troupes féministes en deux coteries à jamais irréconciliables. Plus largement, toute une gauche, celle du Bondy Blog, de La Fabrique, du Collectif contre l'islamophobie en France, celle aussi du Comité invisible, prend fait et cause pour les musulmans des banlieues, nouveaux damnés de la terre, tandis qu'une autre gauche, celle de Manuel Valls, de Caroline Fourest ou du Printemps républicain de Laurent Bouvet (à ne pas confondre avec le Printemps français de Béatrice Bourges, un peu d'attention s'il vous plaît !), s'arc-boute sur une laïcité intégrale et intransigeante.

La droite (sans parler de l'extrême-droite) semble moins mélangée. Mais est-ce vraiment le cas ? Voyez les catholiques. Certains se replient sur leur culture chrétienne (c'est-à-dire européenne, c'est-à-dire blanche) menacée par le péril mahométan, ce qui donne là encore les ridicules mouvements identitaires, mais d'autres accueillent des migrants, musulmans pour la plupart, les soignent, les hébergent, les accompagnent dans leurs démarches diverses ; ils ne sont pourtant pas de gauche. Certains se chagrinent d'observer le succès écrasant de cette religion concurrente et théologiquement rudimentaire, d'autres tâchent de s'en inspirer, jouent sur le même terrain, copient les méthodes à succès de l'adversaire ou s'en font des compagnons de route, unis contre le raz-de-marée de la sécularisation. Il y a de tout, en somme.

La droite intellectuelle dans son ensemble est aussi à cette image. La réception mouvementée de l'essai de Pierre Manent, *Situation de la France*, en 2015, le montre bien. En bon conservateur catholique intelligent, Manent jugeait nécessaire et seul réaliste un compromis de la République avec l'islam de France, dans un but pacificateur. Il s'agissait d'offrir à notre pays chaotique, par petits bouts, par négociations et malentendus salutaires, un avenir plus harmonieux. Certains se réjouirent qu'on égratignât enfin certaines interprétations jusqu'au-boutistes de la laïcité (chez une partie des catholiques de France, la blessure de 1905 reste ouverte, les rendant plus sensibles aux problèmes rencontrés aujourd'hui par les musulmans) ; beaucoup hurlèrent que Manent avait perdu la tête, qu'il se vendait à l'ennemi, qu'il était hors de question de lâcher un centimètre de terrain à l'obscurantisme conquérant de la deuxième religion du pays. Et nous ne fûmes pas plus avancés.

Ainsi la droite est tout aussi divisée que les autres sur la question. Les tenants du « grand remplacement » sont nombreux, en tout cas très bruyants, de Renaud Camus à ses épigones jeunes et vieux ; mais pendant ce temps, une revue comme *Philitt*, tout « antimoderne » qu'elle se présente, s'irrite de l'obsession de ses contemporains pour un « fascislamisme » imaginaire, s'intéresse au soufisme, à Sohrawardi, à Ibn-Khaldûn, à l'émir Abdelkader, vénère le grand converti René Guénon, Abd al-Wâhid Yahyâ pour les intimes, et fait l'éloge du voile dans la tradition chrétienne, clin d'œil évident à la question textile la plus sensible de notre époque.

D'un bout à l'autre de la droite, tous paraissent avoir pris le tournant conservateur, mais au carrefour de l'islam, les routes ont divergé. Il y a bien, d'un côté, les islamophobes (ceux qui ont *peur* de l'islam, au sens propre ; parlons même de panique, car les excès en la matière ne manquent pas), et de l'autre, ceux que leurs adversaires appelleront des « baboucholâtres », qui sont un peu les derniers héritiers de la tradition orientaliste et dont la complaisance en apparence innocente se révèle souvent suspecte. Il ne manque généralement qu'un juste milieu.

Expliquer en quoi ce juste milieu peut consister nous conduirait à écrire un autre livre. Qu'on me permette de simplement renvoyer à celui de Pierre Manent, exemplaire en la matière, et de revenir plutôt à ce qui nous occupe en propre : les militants, les excessifs, les idéologues. Je ne m'appesantis pas sur les paranoïaques de la conquête islamique, nous les connaissons bien, nous les entendons tous les jours et le seul fait de les évoquer m'épuise déjà. Regardons plutôt de l'autre côté, parmi ceux qui prétendent tendre la main aux musulmans plutôt que de les conspuer. Autour de Soral et de Dieudonné (dans la « dieudosphère », encore une sphère !), on prône une espèce d'alliance stratégique entre les Arabes et les « Gaulois », comme ils disent, tous unis contre un même ennemi, qu'un certain général avait autrefois qualifié de « peuple d'élite sûr de lui-même et dominateur ». Heureusement, le mouvement dieudo-soralien ou soralodieudonniste, si dynamique autour de 2010, s'est pris quelques sérieux gadins ces dernières années et nous n'en parlerons bientôt plus. Même le FN leur fait la tête. Le développement frénétique de l'antisémitisme musulman aura eu au moins une vertu : atténuer la pulsion antisémite de l'extrême-droite traditionnelle, au fond peu encline à conclure quelque pacte que ce soit avec les immigrés venus des anciennes colonies, même sur le dos des Juifs.

Beaucoup plus marginal, mais plus inquiétant aussi : Marc-Édouard Nabe. Nous l'avions laissé en 2006, lorsqu'il prétendait renoncer à la littérature et se lançait dans l'affichage sauvage de ses libelles politiques sur les murs de Paris. Il a heureusement continué d'écrire des livres (dont le dernier, *Les Porcs*, constitue à coup sûr la description la plus précise et la plus drôle du petit monde conspirationniste actuel, celui de Soral, de Dieudonné et de mille autres apprentis penseurs). Nabe n'est pas conspirationniste, lui, à la différence de ses anciens amis. Il ne croit ni aux faurissonneries négationnistes ni à un *inside job* de la CIA dans l'affaire du World Trade Center. Il ne croit pas non plus, comme tant de décérébrés à qui le web a donné droit de cité, que Mohamed Merah travaillait pour la DGSE ou que l'attaque meurtrière des frères Kouachi n'était qu'une mise en scène. Il a une très bonne raison de ne pas y croire : c'est qu'il s'en réjouit, lui.

Le terrorisme islamiste a fourni à Nabe toute une panoplie de héros *trash* : Oussama Ben Laden bien sûr, puis Abou Moussab al-Zarqaoui, qui lança en Irak une vaste campagne d'attentats-suicides et donna au djihad sa couleur antichiite actuelle ; enfin le « calife » Abou Bakr al-Baghdadi et son désormais super célèbre « État islamique ». Pourquoi Nabe adore-t-il à ce point ces bourreaux atroces ? Il y a plusieurs raisons à cela, qui sont toutes plus désastreuses les unes que les autres.

Nabe a toujours été antisémite, sans jamais s'en cacher d'ailleurs. Dans son tout premier livre, il disait du mal des Juifs parce qu'il disait du mal de tout le monde. Ensuite, c'est surtout d'Israël qu'il parla, son grand ennemi politique. Il se disputa en chemin avec son copain Stéphane Zagdanski, ce qui ne dut rien arranger. Il s'acoquina avec Soral et Dieudonné, les deux stars françaises de l'antisionisme *borderline*. Dans *L'Enculé*, en 2011, c'est à Dominique Strauss-Kahn, enfermé dans sa maison de Tribeca, qu'il prête les délires antisémites les plus crus, le transformant en une sorte de Juif malgré lui en pleine explosion paranoïaque. Dans *Les Porcs* enfin, il finit par s'en prendre à l'antisionisme iranien, trop timoré, auquel il reproche de ne pas être assez franchement antisémite. Bref, quoiqu'il soit difficile d'identifier exactement l'origine de cette obsession des Juifs (son amour pour Céline n'y est sans doute pas pour rien), Nabe s'est montré constant en la matière, et même outrancier. C'est son « mauvais goût » à lui, comme il dit, et il y tient. Et quelle meilleure outrance, quel mauvais goût plus extrême que de ne pas se contenter de soutenir la cause palestinienne, mais de carrément prendre parti pour la frange la plus dure, la plus barbare, la plus indéfendable du mouvement arabe ? Quitte à s'en prendre aux Juifs, autant y aller à fond ! Autant soutenir Daech !

L'autre biais de Nabe, plus décisif, c'est son dégoût du monde occidental. Ils n'ont que ce qu'ils méritent, dit-il. Les Américains, et les Européens comme eux, sont de petits oppresseurs médiocres et brutaux, ils ont voulu écraser les Noirs, écraser les Arabes, et maintenant ils ont la monnaie de leur pièce. Ils paient des siècles de colonialisme, des décennies de guerres au Moyen-Orient. Il y a de l'Apocalypse là-dessous, et ce sont aussi Léon Bloy et Ernest Hello qui se réveillent en Nabe : périssent cette France merdique, ces lâches Européens, cet Occident moribond ! L'embrasement islamiste a pour l'écrivain un parfum de fin des temps qui charme les narines et électrise la plume.

C'est là que gît le troisième péché de Nabe : sa complaisance esthétique pour la violence. Pour le comprendre, il suffit d'ouvrir le premier numéro de *Patience*, son magazine, et de tomber sur une photo grand angle d'un champ de têtes coupées par les soldats de l'État islamique. Nabe est tout simplement fasciné, sidéré par Daech. J'ai parlé, au début de cet essai, de la conception que Muray se faisait de la littérature : une conception destructrice, nihiliste presque, où l'écrivain se rêvait en Néron versifiant l'incendie de Rome. Mais Nabe va plus loin, ou plutôt il part dans une autre direction, proprement catastrophique. Il en reste à une conception adolescente de l'attentat littéraire. Muray a l'air de négliger le monde, de passer outre l'impératif catégorique de la morale kantienne, mais c'est pour avaler le monde dans une pure entreprise artistique qui emporte tout sur son passage. Nabe, lui, prolonge une destruction déjà à l'œuvre pour nourrir son inspiration. Ce n'est pas le monde qui l'intéresse, mais la destruction de ce monde telle qu'elle s'est déjà mise en marche. Muray se retire et, s'étant absenté, il peut peindre l'époque dans son intégralité, à la façon de Baudelaire. Nabe, qui se réclame lui aussi de l'individualisme baudelairien, ne se retire pourtant pas : il se mêle à la foule des destructeurs, des meurtriers et des brutes. Il hurle avec d'autres loups. Il n'est pas dans la position de Baudelaire, mais dans celle du jeune Barrès émoustillé par les attentats à la bombe des anarchistes, ou dans celle de Guillaume Dustan, que troublait voluptueusement le refus de la capote par temps de séropositivité épidémique. Pour le dire plus grossièrement, la littérature de Muray est amorale, celle de Nabe est immorale. L'un s'est inventé un *nulle part* génial, un *no man's land* lui offrant la plus grande profondeur de champ possible ; l'autre est tout simplement du *mauvais côté*. Et ce n'est pas du tout la même chose.

Ce qui reste de l'institution littéraire en 2018

Ainsi la question de l'islam nous fait-elle, par un apparent détour, retrouver notre point de départ : la littérature. En passant par la plus frénétique obsession contemporaine, cet islam débattu jusqu'à l'épuisement dans la presse, dans la classe politique, dans les familles, dans les écoles, nous avons retrouvé la littérature, grande oubliée de notre monde. Grande oubliée, j'exagère peut-être : nous l'avons tout de même croisée de temps à autre, cette littérature. Dressons-en un premier bilan.

Les Veilleurs de la Manif pour tous lisent Péguy et Bernanos sur la place publique ; mais ils y voient des maîtres à penser. D'ailleurs, ils déclament aussi bien des textes de philosophes et de sociologues. Ce n'est pas la littérature qui les intéresse, mais les idées recelées par certaines œuvres littéraires, qui viendront compléter le nouveau corpus idéologique qu'ils s'efforcent de former. La littérature, en somme, n'est pas leur affaire, et on les imagine mal réciter Céline ou Genet.

Nabe, lui, n'est-il pas entouré d'une petite secte de fidèles acharnés ? N'a-t-on pas vu se former autour de lui un véritable cercle littéraire ? Malheureusement, sa folie narcissique l'expliquant sans doute, les disciples que Nabe s'est trouvés, en particulier les frères Vesper, cabots en chef dans la hiérarchie du nabisme, ne sont que de faux dandies fraîchement montés à Paris, affreusement vulgaires, portant des chemises à col pelle à tarte et fascinés par leur chef comme ils l'auraient été par Pierre Victor à l'époque de la Gauche prolétarienne. Ils mélangent le pire des « Possédés » de Dostoïevski et du Rubempré-Chardon de Balzac. Ils veulent du charisme et du soufre, pas de la littérature, quoi qu'ils prétendent. De leur maître ils n'ont retenu que le mauvais goût. Cela repose sur une déviance propre à ce gourou bien particulier : Nabe a poussé trop loin aussi bien la logique de l'individualisme littéraire (jusqu'à l'autodestruction) que celle de l'engagement politique (jusqu'à Daech), les mêlant toutes deux jusqu'à aboutir à sa folie actuelle. Par miracle, il a conservé intact son talent d'écriture, ce qui rend la plupart de ses livres lisibles et même réjouissants. Ses disciples, en revanche, dépourvus de toute faculté de cet ordre, se contenteront d'une parodie de littérature et d'une parodie d'engagement. Il n'y aura pas de Pentecôte nabienne.

Et Juan Asensio, le blogueur solitaire? Ne poursuit-il pas inlassablement sur son site « Stalker » (pauvre Tarkovski !), une intransigeante entreprise de critique littéraire de droite (ou d'extrême-droite, dans son cas) ? Bien sûr! Mais Asensio est une outre d'amertume, tout chez lui sent le rance et la rancœur.

Son style lui-même est boursouflé, pénible, précieux, presque illisible. Traumatisé par ses propres tracas éditoriaux, il exhibe sa jalousie pour des contemporains mieux lotis que lui, souvent ses anciens amis, révélant un petit personnage envieux et mesquin sous les airs virils et chevaleresques qu'il cherche à se donner. N'est pas Bernanos qui veut... De toute façon, Juan est beaucoup trop à droite de la droite de la droite pour que l'idéologie ne joue pas dans ses jugements erratiques un rôle capital. On a vite l'impression, à s'infliger quelques-unes de ses logorrhées, qu'il suffit d'avoir été séduit par l'Allemagne nazie ou de s'être compromis d'une façon ou d'une autre avec une des formes de l'extrême-droite pour mériter ses suffrages. Et quand il prétend combattre Renaud Camus la main sur le cœur, ce n'est pas au fond parce que l'ermite de Plieux a depuis longtemps franchi la ligne rouge qui sépare la droite traditionnelle du fascisme nouveau style, mais parce que son homosexualité l'insupporte. Même à Philippe Muray, pourtant de l'autre bord en matière de galipettes, c'est une sexualité trop débridée qu'il reproche. La brutalité et la bêtise politique de Juan n'ont d'égal que cette infatigable pudibonderie.

Le très droitier Richard Millet, lorsqu'il s'est fait remercier par Gallimard à cause de son admiration pour Anders Breivik, n'a-t-il pas, quant à lui, repris la *Revue littéraire* des éditions Léo Scheer ? Et n'y a-t-il pas rameuté toutes sortes de jeunes auteurs de droite ? En effet. Mais un rapide parcours le confirme : le résultat est triste et plat. Rien ne sortira de ce chaudron frigorifique. Richard Millet lui-même, auteur il y a longtemps de quelques romans ambitieux, ne signe plus que d'indigentes brochures militantes et geignardes. Sa littérature n'est plus qu'un label, une étiquette. L'essentiel est pour lui de militer.

Qu'en est-il du Cercle cosaque, cette réunion festive conduite par Olivier Maulin, néo-hussard au coude toujours levé, et Romaric Sangars, cheveux courts soignés, veste marine, par ailleurs lieutenant de Millet chez Léo Scheer ? N'y parle-t-on pas de romans, de littérature vivante ? Certes. Mais on y avale surtout de la bière et du vin, et les écrivains qui y défilent ne font rêver personne. L'essentiel y est de se promouvoir les uns les autres : Sangars présente Maulin, lequel conversera avec Millet la fois suivante, avant que la ronde reprenne à zéro (sous le regard envieux d'Asensio, qui ronge son frein pendant ce temps-là)… Quelques noms inconnus y émergent de temps en temps, mais leurs livres sont aussi répétitifs et courus d'avance les uns que les autres. On s'ennuie sec, et on se ressert un verre.

Muray, enfin, n'est-il pas plus lu aujourd'hui qu'il ne l'a jamais été ? Bien sûr, mais c'est comme imam caché de *Causeur* qu'on le connaît désormais, pas comme disciple de Baudelaire et expérimentateur de la langue française. Certains de ses admirateurs officient certes en littérature, ils publient des romans « murayens », *à la manière de*. Mais les romans de Muray lui-même n'atteignaient pas leur but, du propre avis de l'auteur, d'ailleurs : l'époque, jugeait-il, rendait le roman impossible, l'indifférenciation galopante bloquant irréversiblement toute velléité de représentation romanesque. Muray fut certes un penseur du roman, mais lorsqu'un disciple quelconque applique directement sa réflexion en tâchant d'écrire son petit roman à lui, il subit une illusion d'optique. Muray a pensé l'époque comme *l'autre* du roman, et c'est pourquoi il fut contraint d'inventer une forme inédite, à mi-chemin du récit et de l'essai, racontant sur le mode comique la façon dont l'époque se bat pour qu'on la prenne au sérieux et qu'on ne puisse pas la raconter. Tirer de Muray les principes d'un renouvellement du roman lui-même, c'est ne pas voir, précisément, la véritable nouveauté de Muray, la faille qu'il a introduite dans l'histoire de la littérature.

Où en est d'ailleurs *L'Atelier du roman*, la revue de Kundera, de Muray, de Houellebecq, de Michel Déon ? Houellebecq est loin, maintenant. Kundera, vieux monsieur pléiadisé, ne sort plus de chez lui (mais nous le délogerons un peu de sa cachette tout à l'heure). Muray est mort depuis douze ans et le vétéran Déon a fini par casser sa pipe à son tour. C'est la revue à laquelle je suis moi-même le plus attaché, et je sais que son capitaine, le merveilleux Lakis Proguidis, bataille tant qu'il peut pour que son navire ne prenne pas l'eau. Mais la mer est déchaînée et l'esquif est chaque jour plus menacé. Je l'ai bien senti le jour où Lakis, plutôt que de me parler de littérature, me fit l'éloge du dernier livre de Jean-Claude Michéa. Encore lui !

On a connu meilleur bilan. Je vois s'en dégager deux tendances divergentes, qui se retrouvent bizarrement superposées chez certains, chez Nabe en particulier, jusqu'à paraître parfois indiscernables. La première consiste à s'intéresser à la littérature en oubliant qu'elle est de la littérature, en la mettant tout entière au service de la seule idéologie. C'est bien sûr l'essentiel, et nous y reviendrons plus longuement dans quelques pages. Mais certains, et c'est là la seconde tendance, tout en développant eux aussi un discours politique envahissant, prétendent se replier sur la littérature seule. Ils la vident en fait de son contenu en croyant, comme Baudelaire, faire briller par leur dandysme à la petite semaine un « dernier éclat d'héroïsme ». Pauvre Baudelaire… Que ce soit dans la secte nabienne ou chez les Cosaques, on soigne sa chevelure, on porte des vestes en velours palatine, des foulards en soie aux motifs criards. On maudit le monde qui de toute façon court à sa perte et on célèbre la littérature pure, qu'on a mise tout entière dans sa garde-robe mais dont on semble en profondeur avoir tout oublié. On croit continuer de faire de cette littérature l'horizon ultime de la vie, la valeur des valeurs ; pourtant, on ne cherche plus à la *nourrir*. On prétend la faire vivre, en poursuivre l'aventure, mais c'est une momie que l'on embaume. Un pur fétiche.

Cet égarement vient de loin et il me faut ici apporter une nuance au propos général de cet essai. J'ai dit dans le premier chapitre que la littérature moderne me semblait constituer une *tentation*, avec toutes les implications morales qu'un tel mot charriait avec lui. Tentation démiurgique de Balzac, tentation séditieuse de Baudelaire, tentation individualiste de Péguy, tentation nihiliste de Mallarmé… Il y a dans la volonté de se transformer soi-même en « grand écrivain » une pulsion mégalomaniaque patente, une direction profondément *antisociale*, pour le meilleur et pour le pire. Cette tentation n'est pas foncièrement malsaine : elle sauve du tout-politique, de la dictature de l'engagement. C'est pourquoi la littérature tend à donner mauvaise conscience à l'homme de gauche tandis qu'elle permet à l'homme de droite de s'accomplir hors de la politique, de retourner la politique contre elle-même. Mais pour que cette saine pathologie de l'ego littéraire soit le point de départ d'une grande œuvre, il faut qu'elle s'attache à autre chose. L'écrivain ne respire pas un air différent du reste de l'humanité. Péguy reste directeur de revue et se démène jusqu'au bout avec l'appel du civisme, Balzac fait entrer la finance dans le roman, Mallarmé pose les jalons d'une religion future… Il en va ainsi encore de Rousseau, l'inventeur de l'écriture de soi moderne, le premier et peut-être le plus radical de tous ces individualistes de plume. Bernard Frank l'avait bien vu : « Les personnes qui regrettent que Rousseau ne soit pas uniquement l'auteur des *Confessions* ne comprennent rien à la création littéraire. Il fallait avoir écrit les trois livres les plus révolutionnaires du XVIIIe siècle (*L'Émile*, *La Nouvelle Héloïse*, *Le Contrat social*) pour oser employer ce langage souverain par quoi débutent les *Confessions.* »

La littérature ne peut compter sur ses seules forces, sur ses ressources propres ; elle est en son principe *impure*, même quand elle fait croire l'inverse. C'est pourquoi elle doit rester une tentation, même lorsque l'on y cède : elle est le diable d'un dieu, quel qu'il soit, le Satan d'une religion plus consistante qu'elle, et non elle-même une divinité à laquelle il siérait de vouer un culte. La littérature n'est pas une religion, mais une irréligion : son office n'est pas de diviniser mais de profaner, même si, souvent, ce que l'écrivain profane est ce qu'il adore lui-même. Cela explique

que la droite s'en saisisse si aisément, puisqu'elle aussi n'existe dialectiquement que de mettre en cause les croyances progressistes de la gauche. Or, en notre époque de désacralisation massive, grande est la séduction d'une définition religieuse de la littérature, réduisant celle-ci à la simple quête d'une pureté égotique obtenue par frottement frénétique du langage contre lui-même. On se raccroche aux branches que l'on peut.

En même temps que se renforce chez quelques-uns cette creuse religion littéraire, le phénomène inverse gagne plus encore en ampleur, que ce soit chez les Veilleurs, chez les lecteurs de Muray et des autres, ou tout bonnement dans l'ensemble de la jeune droite pensante. On loue alors les mérites de la littérature en la dissolvant sans reste dans un vaste ensemble textuel qui comprend aussi bien des écrits philosophiques, politiques, sociologiques que des enquêtes journalistiques. On noie la littérature dans la masse sans limite du discours, sans prêter attention à ce qui fait peut-être sa singularité. Par cette opération, on évite certes de transformer la littérature en religion (sauf Nabe, qui parvient à se ruer de tous les côtés en même temps), mais on ne comprend pas non plus ce en quoi peut bien consister la *spécificité* de la littérature, ce qui fait qu'on la nomme « littérature » et pas autrement, au-delà du seul snobisme. C'est pourquoi il est si facile à ces jeunes gens d'accorder sans heurt leurs lectures à un engagement politique dépourvu d'ambiguïté et d'inquiétude. Et après tout, pourquoi n'auraient-ils pas raison ? Peut-être la littérature ne comporte-t-elle pas de caractère propre, hormis qu'elle repose sur un choix de mots un peu plus réfléchi qu'ailleurs, une langue un peu plus travaillée ? On ne peut bien sûr se contenter de définitions aussi minimales.

Il serait stupide d'accorder à la littérature une essence stable traversant les derniers siècles de notre histoire, essence immuable qui aurait d'un coup été oblitérée par nos contemporains. L'affaire est plus subtile : c'est la *question* même de cette spécificité qui a déserté les esprits. À cette question toujours ouverte, en effet, nulle réponse stable n'a jamais pu être apportée ; chaque grande œuvre inventait une solution différente au problème insoluble qui se posait là. Chacune redéfinissait la littérature à sa manière : n'est-ce pas même cela, tout simplement, le propre de la littérature ? Or ce n'est pas à ce genre de questions que l'on cherche aujourd'hui des réponses, mais à des préoccupations sociales, politiques, idéologiques, ou dans le meilleur des cas philosophiques. La littérature n'intervient incidemment que pour fortifier une vision du monde, une observation critique de la modernité, une grille de lecture efficace à l'heure de la mondialisation. Il faut aux militants de l'univoque, aujourd'hui comme hier. Au fond, les jeunes conservateurs de 2018 ne valent pas mieux que les anciens théoriciens du réalisme socialiste. Ils n'ont pas répudié la littérature par un geste dramatique, ils l'ont digérée dans leur langue politique. Leur droite n'a que faire de l'ancienne bizarrerie littéraire, du vieux penchant antipolitique qu'identifiait Thibaudet et qui faisait tout le sel de cette autre droite, de cette droite qui, à force de n'être pas de gauche, n'était même plus politique. Ou qui l'était trop diversement, trop subtilement, trop contradictoirement pour accepter qu'on la cantonne sérieusement à une option politique ou à une autre. Cette autre droite ne s'affichait politiquement que pour tourner la politique en dérision. Il était inévitable qu'une jeunesse en quête d'idéologie consistante soit contrainte d'abandonner ces vieilles lunes.

Pourquoi m'obstiner dans ce reproche ? Personne ne m'empêche de lire des livres comme je l'entends, et tant pis si je ne l'entends pas de la même manière que la génération suivante. Je pourrais me contenter de cultiver mon jardin, la lecture restant essentiellement, n'en déplaise aux Veilleurs, une activité solitaire. Mais non. Car en oubliant la littérature, ils ont oublié tout le savoir que la littérature pouvait leur apporter, savoir d'un ordre spécial, irréductible aux autres. La littérature n'est pas sacrée, certes ; mais elle est *différente*. Elle produit un savoir qui peut certes concerner la politique, la société, la chose publique, mais qui ne relève alors pas exactement de la politique, ou qui la perturbe, ou qui s'en décale, ou qui s'en extrait… Ignorer ce principe élémentaire a fait perdre de vue à tous ces jeunes gens ce qui faisait le seul intérêt de la droite, si flagrant dans ses manifestations littéraires : sa fragilité, son inachèvement, ses contradictions fondamentales. Donc son affinité avec la littérature. Sans la littérature, il leur était certes enfin loisible de s'engager sereinement, débarrassés de toutes ces tergiversations d'artistes ; mais leur engagement ne pouvait au bout du compte que les conduire hors de la seule droite qui vaille.

Quatre preuves que la nouvelle droite n'a pas tué la littérature

Lorsque je parle d'un *savoir* propre à la littérature, qu'ai-je en tête ? Je ne suis pas sûr que les héros littéraires de mon adolescence suffisent à répondre à cette question. Leurs œuvres sont trop inégales, bâclées, même, leurs démarches trop claudicantes, leurs trajectoires trop brisées. Houellebecq, Nabe, Dantec avaient de quoi séduire le jeune homme que j'étais, et suffisamment de prestance pour me prémunir contre toute vision trop hâtivement politique du monde, mais ce n'était peut-être guère plus que cela. Ils furent pour moi le premier visage de la merveilleuse « tentation littéraire » dont je parle, et me vaccinèrent pour toujours contre cette autre tentation, la tentation idéologique, qui menace toute jeunesse. Cependant, à l'exception de Muray, je ne crois pas qu'ils permettent de répondre de façon substantielle à cette sempiternelle question : à quoi sert la littérature ? Pour nous en tirer, penchons-nous donc sur d'autres œuvres. Elles appartiennent elles aussi à la littérature récente et auront l'avantage d'être fort diverses, comme il convient pour répondre à une telle question. Toutefois, on pourrait toutes, à un titre ou à un autre, les rattacher à la droite, à certaines traditions ambiguës de la droite littéraire, et elles donneront ensemble l'exemple de ce dont la droite acéphale d'aujourd'hui se trouve dépourvue, puisque la bise est venue.

Pour comprendre jusqu'au bout la droite nouvelle, il faut en effet la prendre par l'absurde, il faut saisir ce qui lui manque. Ce n'est donc plus vraiment de la droite que nous parlerons maintenant, mais de la littérature, tout simplement, de cette littérature que la droite, elle, ou ce qui s'appelle désormais ainsi, a oubliée.

Dans *L'Art du roman*, il y a trente ans, Milan Kundera tâchait d'indiquer les domaines de l'existence que seul le roman pouvait nous permettre de connaître et d'explorer. Parmi ces domaines, il incluait l'histoire (donc la politique), mais en la saisissant sous un angle bien particulier. Selon lui, l'histoire comme discipline, l'historiographie, permet bien sûr de comprendre la société, mais certaines zones de la vie lui échappent. Seul le roman peut véritablement parler de *l'homme* soumis aux forces de cette grande histoire. On aura beau faire l'histoire des climats et des odeurs, le champ de l'expérience humaine ne pourra être entièrement couvert par la seule raison historienne. Kundera prend alors un exemple apparemment futile, tout à fait éclairant à mon sens. « Au moment décisif de *La Vie est ailleurs*, l'Histoire intervient sous la forme d'un caleçon inélégant et moche ; on n'en trouvait pas d'autre à l'époque ; face à la plus grande occasion érotique de sa vie, Jaromil, craignant d'être ridicule en caleçon, n'ose pas se déshabiller et prend la fuite. L'inélégance ! » La critique du totalitarisme, évidemment centrale dans l'œuvre de Kundera, se réduit ici à une affaire de sous-vêtement. Ce faisant se trouve mis en lumière un domaine de l'existence que seule la littérature, en tout cas la littérature romanesque, pouvait affronter de façon si directe : celui de l'élégance, des formes, du chic. De la grâce, même. Autant d'aspirations existentielles confisquées par le régime communiste tchécoslovaque.

N'en déplaise au *Système de la mode* de Barthes et à ses ambitions scientifiques, ce sont la littérature, le récit, la mise en forme romanesque qui affrontent avec le plus d'efficacité de telles préoccupations (Barthes ne l'ignorera pas longtemps, d'ailleurs, puisque son dernier cours portera sur *La Préparation du roman*). Or c'est aussi ce qui manque à nos contemporains. Qu'ils s'habillent souvent très mal en se croyant élégants, soit. Mais le mal est plus profond et ne se réduit pas à une affaire de caleçon. Le barrage que la bourgeoisie maintint longtemps contre l'extrême-droite relevait précisément de cet impératif d'élégance. On ne votait pas Le Pen parce que *c'était vulgaire*, tout simplement (Kundera dirait peut-être : parce que c'était *kitsch*, mais je n'en suis pas tout à fait sûr). Nous pourrions nous contenter d'une lecture à la Bourdieu de ce type de raffinement politique : voir dans le Front national l'inélégance suprême, c'est assurer une nouvelle fois sa « distinction » de classe supérieure, se différencier par un énième signe de la populace raciste et grossière qui « vote mal », comme on dit. Et c'était indiscutablement cela. Mais que cette distinction se formulât en termes de forme, d'élégance et de vulgarité, comme Kundera le fait aussi à sa manière, voilà qui était précieux et que nous sommes en train de perdre. Car en perdant la littérature, c'est cette sensibilité aux formes, notamment aux formes sociales et politiques, que la jeunesse a perdue ; ce que Kundera nomme « la poésie de l'existence ». La vieille allergie à l'inélégance était peut-être le plus efficace des antidotes contre la tentation extrémiste, et c'est la littérature qui permettait de l'entretenir. Quand on ne comprend plus rien à la littérature, il n'est pas étonnant qu'on ne voie plus du tout ce qu'il peut y avoir de grossier et d'obscène dans un personnage comme Marine Le Pen et dans les doctrines qu'elle convoie. Du moins ne se rend-on plus compte que cette vulgarité n'est pas une affaire superficielle et négligeable ; qu'elle est, au contraire, impardonnable.

Kundera nous donne aussi les clés pour comprendre un autre aveuglement de l'époque, qui croit voir en chaque écrivain un « prophète » des temps futurs. Péguy prophète du règne de l'argent, Bernanos de celui de la technique, etc. Le lieu commun précis que Kundera veut battre en brèche, c'est celui d'un Kafka prophète du totalitarisme. Certes, concède-t-il, la vie en Bohème sous domination communiste rappelle singulièrement les expérimentations romanesques du *Château* ou du *Procès*, alors que Kafka est mort en 1924. Mais on se trompe en y supposant une forme de prédiction historique vérifiée par des faits posthumes. Kafka n'a pas cherché à décrire l'histoire sur le point de se faire ; c'est l'histoire qui a produit à grande échelle, presque fortuitement, ce dont Kafka avait pris la mesure à l'échelle individuelle, dans le registre de l'existence nue. Si nul régime totalitaire n'avait vu le jour, juge Kundera, l'œuvre de Kafka n'aurait rien perdu de sa valeur ; Kafka, le Kafka de Kundera en tout cas, se fichait bien de pressentir quelle forme les démocraties européennes prendraient après sa mort. « Le roman n'examine pas la réalité, mais l'existence », ou plutôt une *possibilité encore inconnue* de l'existence ; « que cette possibilité se transforme ou non en réalité, c'est secondaire ». L'invention du romancier consiste à découvrir non ce qui adviendra, mais quelque chose qui a toujours déjà été là, dit Kundera en s'inspirant cette fois d'un autre compatriote, le poète Jan Skácel. Il se contente de donner sa *formule* à un champ éternel de l'expérience resté tacite depuis le fond des âges. Kafka n'a pas décrit le totalitarisme ; c'est le totalitarisme qui a généralisé historiquement, à l'échelle de toute une société, cette angoisse de toujours que Kafka avait réussi à décrire dans une forme romanesque.

La position de Kundera sur l'art romanesque a ceci de précieux qu'elle est particulièrement modérée : il navigue dans l'entre-deux. Il ne défend pas l'art pour l'art, l'écriture intransitive, la littérature allégorique d'elle-même, mais ne délaye pas non plus la littérature dans les autres formes du discours. Or Kundera est la figure tutélaire de tout un groupe de romanciers réunis autour d'une revue dont nous avons déjà parlé, *L'Atelier du roman* : Muray et Houellebecq, mais aussi Dominique Noguez, François Taillandier ou Benoît Duteurtre. Des hommes très différents les uns des autres, mais réunis par un même attachement à la représentation romanesque et une méfiance certaine vis-à-vis des visions trop exclusivement politiques du monde. Des hommes de droite tels que Thibaudet l'entendait, somme toute, mais qu'on ne parviendra pas à réconcilier dans le ciel de l'idéologie pour en tirer une doctrine cohérente et synthétique ; ils ne sont de droite que dans la mesure où cette droite n'a pas d'existence claire et homogène. Ils n'ont reçu en partage ni la pensée de Guizot ni celle de Maurras, mais l'héritage de Kundera, et par lui celui de toute une vaste tradition romanesque réaliste sans l'être, particulièrement vive dans la Mitteleuropa du XXe siècle, celle de Kafka, de Musil, de Broch, de Gombrowicz : leur littérature, diverse, parle d'histoire et de politique, mais elle en parle *autrement* que ne le font l'histoire et la politique. Tout repose sur ce décalage.

Faisons tourner maintenant le kaléidoscope de la littérature contemporaine et passons à un exemple tout à fait différent, celui de Patrick Modiano. Avec lui aussi, de façon peut-être plus surprenante, nous pouvons mieux comprendre ce qui, de la littérature, échappe désormais à la droite dite pensante. Lorsque, en 2014, Modiano reçut le prix Nobel, c'était, selon l'Académie suédoise, pour récompenser l'« art de la mémoire avec lequel il a évoqué les destinées humaines les plus insaisissables et dévoilé le monde de l'Occupation ». L'auteur parut le premier surpris. La légèreté inquiète et répétitive de ses romans méritait-elle une reconnaissance de cet ordre ? A-t-il, comme l'exige le testament d'Alfred Nobel, « fait la preuve d'un puissant idéal » apte à contribuer aux destinées les plus hautes de l'humanité ? Aurait-il sans le savoir fait œuvre politique, au sens le plus noble de ce terme ? Modiano a en effet beaucoup écrit sur l'Occupation et exploré incessamment les voies narratives de la mémoire et de l'amnésie. Mais s'est-il livré à tout cela avec quelque motif noble et désintéressé ? Son obsession mémorielle est-elle de même nature que celle que vise le fameux « devoir de mémoire » ? Et ses romans ont-il quelque chose à voir avec le goût obsessionnel qu'a développé l'édition française depuis dix ou quinze ans pour les grands conflits du XXe siècle, surtout pour la Seconde Guerre mondiale, à travers la série de romans hyperdocumentés récompensés par l'académie Goncourt, depuis *Les Bienveillantes* et *L'Art français de la guerre* (tous deux édités par Richard Millet) jusqu'à *L'Ordre du jour* ? Est-ce cela, Modiano ? Une pierre de plus au monument collectif que la France traumatisée s'offre sans cesse à elle-même ? Une pierre de plus jetée hors de la littérature ?

Même dans *Dora Bruder*, moins fictionnel que les autres livres de Modiano, quelque chose empêche une lecture morale ou politique claire. Les thématiques historiques lancinantes qui traversent tous ses écrits sont trompeuses ; elles mènent ailleurs. Cela ne signifie pas que son entreprise soit purement gratuite et vaine ; mais comme tant d'écrivains avant lui, il a tâché de donner une forme à un domaine de l'expérience qui échappait, précisément, aux modes de connaissance établis, histoire, sociologie ou science politique. Et ce qu'il y a de plus intéressant chez lui, c'est qu'il a trouvé deux formes différentes pour le faire, qu'il a eu deux *manières* successives, très distinctes l'une de l'autre, luxe que peu d'écrivains peuvent s'offrir. Il y a eu *La Place de l'Étoile*, en 1968, son premier roman, violent, délirant, excessif, qui le fit entrer en fanfare sur la scène littéraire, puis une tout autre esthétique à la fois douce et angoissée, qui trouva sa forme achevée dans ses livres les plus célèbres. Il y a deux Modiano, l'un puis l'autre, également intéressants, mais aucun ne peut se réduire à une lecture politique ou historique, toute subtile qu'on la veuille.

Modiano parle de quelque chose qui n'existe pas, pas *pour lui*, en tout cas, mais qui l'effleure dans une contiguïté mystérieuse. Son écriture n'est ni tout à fait autobiographique, ni tout à fait du genre documentaire plus distancié. Il est né en 1945 dans un Paris libéré et c'est le Paris des quatre ou cinq années précédentes qu'il décrira obstinément, sorte de « Nuit sexuelle » interminable, comme dirait Pascal Quignard, menant à sa propre naissance. Sa judéité même, si malmenée dans *La Place de l'Étoile*, est largement fantasmée ; elle ne pourra se manifester pleinement qu'en devenant la judéité de quelqu'un d'autre dans *Dora Bruder*. Il est hanté par des revenants à la consistance quasi nulle – mais c'est le propre des revenants, n'est-ce pas ? Les écrivains aujourd'hui obsédés par cette même Seconde Guerre mondiale ne parlent pas de leurs fantômes, de ce frémissement obscur de la naissance et de l'origine ; ils ne sont que des historiens tournant en fictions des interrogations morales et politiques certes intéressantes, mais qui auraient fort bien pu se formuler autrement. Dans le cas de Modiano, seule une entreprise d'ordre poétique, littéraire, pouvait permettre de se livrer à une telle enquête.

Pourquoi donc ? Dans un premier temps, avec *La Place de l'Étoile*, cette exploration de l'imaginaire donne lieu à une danse furieuse, agressive, pleine de pastiches et de parodies, où c'est la masse désordonnée de l'histoire littéraire, oscillant entre le judaïsme et l'antisémitisme, de Céline à Maurice Sachs, en une enfilade frénétique de discours contradictoires délivrés de tout impératif de vraisemblance, qui permet de combler le trou de l'autre histoire, l'Histoire « avec sa grande hache », comme disait Perec. La première réponse de Modiano est colérique et comique. Au trou sans fond laissé par les années qui ont précédé sa naissance, il réagit par une ruée dans la littérature qui a creusé ce trou, d'une façon assez voisine, d'ailleurs, de ce que fit Romain Gary à la même époque dans *La Danse de Gengis Cohn*. Seuls l'ivresse et le vertige semblent pouvoir répondre à son obsession.

En revanche, dans les livres suivants, le même pressentiment existentiel produit une littérature tout autre, marquée par l'espèce de vapeur trouble et inquiète dans laquelle naviguent ses personnages, entre la stase et la fuite, entre la mémoire et l'oubli. Le romancier n'ignore certes pas le travail de l'historien, et Modiano entretiendra une correspondance suivie avec Serge Klarsfeld pour élaborer *Dora Bruder* ; mais ce qui dans ses livres échappe totalement à toute forme de savoir historique, ou social, ou politique, ou philosophique même, c'est la position étrange et emblématique du narrateur de *Rue des boutiques obscures* : un homme presque sans nom, sans mémoire en tout cas, à peine doté d'une fonction sociale, dont la déambulation a pour seul but, si elle en a vraiment un, de dévoiler par bribes étiques son propre passé chimérique. La discrétion du narrateur confine à l'absurde : sans qu'on sache pourquoi, il ne révèle jamais vraiment son amnésie à ses interlocuteurs, laissant les malentendus et les approximations s'étendre indéfiniment. Amnésie au carré : ce n'est pas seulement la mémoire qui doit s'effacer, mais la perte de mémoire elle-même. Chez Modiano, rien ne se calcifie jamais, rien ne peut se consolider, tout flotte, suspendu pour l'éternité, dans le temps, hors du temps. L'art de Modiano est un art de l'estompe : il trace un trait, en effleurant à peine la feuille, puis il l'atténue au buvard, il le fait baver, il le dilue, il le frotte à la gomme, sans jamais l'effacer complètement toutefois. Dans les dernières pages de *Dora Bruder*, Modiano est plus explicite : il se félicite, malgré le projet du livre, de n'avoir pas pu mener jusqu'au bout son enquête, préservant par cette opacité l'intégrité de la fragile Dora qu'il prétendait exhumer. Le désespoir de l'historien fait le soulagement de l'écrivain. C'est en bridant les procédures de connaissance admises par tous que Modiano parvient à ménager les voies d'une connaissance d'un autre ordre. Les romans de Modiano ont certes l'allure d'une longue enquête policière sans cesse reprise ; mais cette enquête ne mène nulle part, elle est sa propre fin. La mémoire n'aura jamais de consistance autre qu'évanescente, elle est simplement le *climat* d'une longue marche à pied à travers les lieux et les noms propres. Ceux-ci d'ailleurs ne demandent pas à être glosés, mais répétés, malaxés, rendus l'espace d'un instant à leur sonorité vivante, qui ne pourra que s'évanouir à nouveau aussitôt après. Tout se perd, rien ne se transforme. La productivité politique de la réflexion de Modiano est nulle. Tant mieux pour la littérature.

Kundera et Modiano ne sont que lointainement de droite, mais l'anticommunisme du premier et l'ambiguïté idéologique du second (qu'il poussa à son paroxysme dans le scénario de *Lacombe Lucien*, où le héros, frustré de ne pouvoir entrer dans la Résistance, se fait gestapiste), leur individualisme à tous deux, peuvent les tirer de ce côté. Peu importe, au fond. Ce qui doit nous frapper, surtout, c'est qu'aujourd'hui, la jeune droite ne comprend plus rien à ce genre de considérations. C'est à cela précisément qu'ils se sont fermés. Les lectures auxquelles ils se livreront, s'ils s'y livrent, viseront à étoffer leur vision du monde ; pas à la contrarier, à la dévier, à la faire buter sur des hésitations existentielles qui contredisent toute réduction sociale ou politique de la vie. Le caleçon de *La Vie est ailleurs*, les angoisses amnésiques de *Rue des boutiques obscures*, la conclusion en queue de poisson de *Dora Bruder*, le tourbillon jubilatoire de *La Place de l'Étoile* leur sont autant de vaines billevesées. Il n'y a rien à en tirer. Une fois ces livres refermés, on ne sait pas mieux quel combat social mérite notre soutien, quel bulletin de vote il faut glisser dans l'urne ni quelle indignation doit susciter notre courroux. On patine. C'est à croire que la littérature ne sert décidément à rien. Mieux vaut rouvrir des livres au projet idéologique plus net, aux idées plus claires, capables de nourrir notre pensée politique.

Tournons encore notre kaléidoscope d'un cran et examinons une dernière fois le cas de Philippe Muray, qui semble plaire, lui, à la nouvelle génération droitière. Que ne comprend-on pas de son œuvre quand on ne le traite pas simplement comme un écrivain ? Quand on l'associe à Jean-Claude Michéa et à Éric Zemmour plutôt qu'à Kundera et Modiano ? Quand on en fait, même, une référence pour la pensée de type « Manif pour tous », alors que Muray eût considéré celle-ci comme un délire au moins aussi grotesque que la réforme à laquelle elle prétendait s'opposer ? On ne comprend pas que pour Muray, tout est affaire de littérature. Et que c'est précisément par cette voie, par cette voie seule, qu'il a quelque chose à nous apprendre. Déjà dans *Le XIXe siècle à travers les âges*, au début des années 80, son apparente machine de guerre contre la gauche triomphante du siècle passé et du mitterrandisme présent ne relevait que de cette perspective. Il s'agissait d'opposer la littérature de

Baudelaire à la littérature de Victor Hugo : deux langues, deux styles, deux esthétiques. Une littérature individualiste et irréligieuse contre une littérature collectiviste et liturgique. Deux modernités littéraires : l'une grinçante, insubordonnée, l'autre louangeuse et pieuse. Bien sûr, Muray accorde sa préférence à Baudelaire, et c'est son entreprise désacralisante qu'il prétend poursuivre. Mais il ne s'agit nullement pour lui de discréditer Victor Hugo comme écrivain. Le romantisme « occulto-socialiste », comme il l'appelle, a lui aussi sa beauté propre. Il n'est pas exclu de la littérature.

Même les derniers livres de Muray, où le monde entier se trouve amalgamé dans la glu de la « post-histoire » et de « l'ère hyperfestive », reposent encore sur cette logique. Ce monde n'intéresse Muray que parce qu'il peut le représenter. Son but n'est pas de le condamner, de tracer la ligne du bien et du mal, de distribuer les bons et les mauvais points, mais de tirer de ce monde la matière d'une œuvre littéraire inédite. Il a réussi à sa manière le tour de force que Kundera décelait chez Kafka : « transformer une matière profondément antipoétique [...] en grande poésie de roman [...], en mythe, en épopée, en beauté jamais vue ». Muray ne veut certes pas d'enfant, il prétend certes divorcer de l'espèce, détruire le monde en le représentant ; mais ce faisant, il a sauvé le monde.

Il l'a fait entrer dans la littérature, il lui a donné une forme belle, une esthétique, la seule qui pourra ensuite passer à travers les siècles. En le moquant, il l'a anobli. Nous sommes deux fois sauvés par Muray : sauvés par sa lucidité, qui dissipe pour nous, une fois pour toutes, l'intégralité des illusions contemporaines, et sauvés par l'ambition réaliste de sa prose, qui empêche que notre époque soit engloutie comme toute chose dans l'oubli.

Il y a là quelque chose comme un *libéralisme* propre à la perspective littéraire qui me semble tout particulièrement rétif à la réduction politique. Tout tranchant et outrancier qu'il paraisse, Muray est en réalité étonnamment tolérant. Son ambition eût été autre que littéraire, il en serait allé autrement. Mais devant les grandes et les petites figures de l'histoire littéraire, les premières qui le firent vraiment écrire, il fut immédiatement contraint de se soumettre à un pluralisme illimité, ce qui modifia nécessairement son regard sur la réalité tout entière. Nerval, Bloy, Proust, Flannery O'Connor ont peu à voir les uns avec les autres : à ne s'intéresser qu'à leur doctrine, si elle existe, à leur système de pensée, on serait obligé de les juger incompatibles, donc de choisir les uns plutôt que les autres. De rejoindre un camp ou une chapelle. Or l'admiration littéraire permet d'éviter cela ; elle l'exige, même. C'est cette curiosité critique aiguisée dans ses premiers essais que Muray maintint jusqu'au bout dans sa démolition du monde moderne. Il élabora une forme de cosmogonie furieuse, ou une « néogonie », disait-il, comme Louis-Sébastien Mercier avait livré en 1801 sa « néologie » du monde nouveau. Il fit entrer dans la littérature le terne langage contemporain, l'éloge que l'époque se livrait à elle-même, le faisant gonfler jusqu'au grotesque, transformant le sérieux en ridicule, la gravité autoritaire en débandade explosive. Ayant mieux que quiconque identifié le discours autopromotionnel qu'avait produit son temps, il l'a aspiré à la façon d'un cracheur de feu pour le régurgiter sous la forme d'une boule de feu sidérante. D'une époque qu'il exécrait, il a fait son carburant ; ce faisant, il l'a pleinement « justifiée », au sens le plus fort que ce mot peut avoir. Il a interrompu la fuite des jours pour inscrire notre époque dans l'histoire de la littérature ; il l'a rendue à l'éternité. En revanche, il n'a donné aucune clé pour s'y engager de quelque façon que ce soit.

Écoutons un peu Muray, jamais meilleur que lorsqu'il déraille, lorsqu'il se livre à ses excès les plus outrés. Le voici élargissant l'objet de sa moquerie à la poésie à travers les âges, cette grande ennemie des écrivains réalistes dans son genre :

> La poésie des poètes ne se débarrasse du « carcan » des vieilles « Églises » que pour boire au goulot les plus

noirs stéréotypes et les préjugés les plus faisandés du moderne fatal : l'ivresse divine, l'incendie des cœurs et autres âneries consistant à croire qu'on traverse les orages de la parole, qu'on prend la voie sauvage, qu'on cherche le langage à l'état natif, qu'on urgence, qu'on risque, qu'on démesure sans mesure, qu'on mage et remage, qu'on marge et remarge, qu'on abonde et surabonde, qu'on illuminations, qu'on liberté grande, qu'on capitale de la douleur, qu'on arcane 17, qu'on odes et ballades, qu'on amour fou, qu'on vienne la nuit sonne l'heure, qu'on obscur en pleine lumière, qu'on temps suspends ton vol, qu'on poisson soluble, qu'on pythie, qu'on médium, qu'on entrée des médiums, qu'on dada, qu'on ronron, qu'on gaga, qu'on toutout, qu'on lâchez tout, qu'on vraie vie est ailleurs, qu'on perte et fracas, qu'on Destruction sera ma Béatrice, qu'on clé des champs, qu'on vases communicants, qu'on filles du feu, qu'on clair de terre, qu'on légende des siècles, qu'on méditations, qu'on révolution, qu'on je est un autre, qu'on plénitude, qu'on finitude, qu'on authentique, qu'on autrement, qu'on différence, qu'on œil écoute, qu'on vie nouvelle, qu'on sécession merveilleuse, qu'on queue de comète, qu'on ombilic des limbes, qu'on dompte l'écume, qu'on ravage les astres et qu'on mange de la chair crue. Dans des livres-vertige, des livres-ferveur, des livres-fougue, des livres-risque, des livres-galop, des livres-fièvre, des livres-commotion, des livres-sortilège, des livres-souffle, des livres-vagabondage. Des livres normaux, en résumé. Et même triviaux. Le tout venant. Des livres comme il en goutte tous les jours du robinet. Des livres ou autre chose. Des livres qui sont toujours autre chose. Irrécupérables, flous, maudits, nus, décentrés, excentrés, hantés, absolus. Comme de bien entendu[1].

Ainsi va la prose infatigable de Philippe Muray. Elle amasse et lisse les prétendues aspérités, pour révéler le réel tout entier comme un magma indifférencié et uniforme. Devant ce train furieux, seul Muray reste debout.

Aux essais habituels de Muray sur le festivisme et la post-histoire, les esprits pétris de raison politique ont reproché une systématique manie de l'amalgame, qu'il était d'ailleurs le premier à revendiquer. De même, l'amateur de poésie, en lisant cet extrait de la préface de *Minimum respect*, doit avaler de travers. Ces réactions trahissent une incompréhension. On ne voit pas que Muray, dans ses envolées lyriques à l'envers, antilyriques, se livre à une opération de sauvetage. Le mouvement de cette interminable phrase, avec ces « qu'on » rebondissants, permet de ressaisir toute l'histoire de la poésie dans un seul geste, il en collecte un à un les *topoi* les plus éculés ou les plus sublimes, comme Noé en son arche réunissait les animaux de la terre entière. Muray se moque de la poésie sous toutes ses formes, dans toutes ses

1. Philippe Muray, *Minimum Respect*, Paris, Les Belles Lettres, 2003, p. 9-10.

traditions, mais ce faisant, il la *nomme*. Il la fait revenir à même la page, intégrée à sa prose.

Il ne procède pas autrement avec Homo festivus. Sans Muray, nous aurions oublié les grévistes du festival d'Avignon, vêtus de noir et barbouillées de rouge sang, criant « Grève ! » en s'écrasant sur le mur du palais des Papes, ou ces végétariens grévistes de Toulouse se dénudant pour se rassembler sur la place du Capitole (« Carré de grève sur fond de grève »). Nous aurions oublié ces campagnes de lutte contre l'inceste qui, à force d'ambiguïtés et de stratégies « subversives », ont l'air de militer pour la levée de l'interdit de l'inceste (« L'inceste et l'Occident »), nous n'entendrions plus les adversaires de Benoît XVI rêver de proclamer enfin : « *Habemus mamam* ! » (« Le Pape »). Sans Muray, on se souviendrait à peine du coup de couteau reçu par Bertrand Delanoë en pleine « Nuit blanche » ; on ne verrait plus si bien, si nettement, l'ancien maire de Paris, murmurant avant de s'effondrer : « Que la fête continue… » (« Nuit blanche gravement à la santé »). Muray a exagéré une époque qui exagérait déjà toute seule. Il a ajouté une fine couche de délire fictif sur un réel qui délirait déjà par lui-même. Cette couche supplémentaire, comme un vernis, a permis à l'époque de *prendre*, donc de durer, elle que tout destinait à s'éventer. La langue de Muray, comme une gangue ou un formol, a *figé* l'an 2000 dans une œuvre et l'a par là même rescapé du néant.

Muray constitue un cas-limite, et je dois bien reconnaître que son libéralisme est pour le moins paradoxal. Pour respirer un instant, retrouvons donc Albert Thibaudet, qui avait la particularité de s'intéresser à peu près autant à la chose politique qu'à la littérature, avec la même tendresse curieuse et distante. À ma connaissance, le libéralisme est justement la seule doctrine dont il se soit explicitement réclamé. Pas n'importe quel libéralisme : un « libéralisme intégral », comme il disait, c'est-à-dire une forme de scepticisme inclusif et illimité. Thibaudet doutait de tout, mais c'est parce que tout l'intéressait. Il faisait sienne la maxime de Leibniz : « Tous les systèmes sont vrais par ce qu'ils affirment et faux par ce qu'ils nient. » Ce doute généreux est l'inverse du « doute hyperbolique » de Descartes : ce n'est pas qu'il remette tout en cause, comme Muray, c'est que toutes les causes lui semblent justes. Même celles qui combattent la liberté. Là repose l'excès foncier de ce libéralisme intégral : il ne demande même pas à être « payé de retour », il ne se préoccupe pas de soutenir la cause de la liberté dans la société, puisque cela le rendrait aveugle à d'autres causes. Son degré de militantisme est proche du zéro absolu. Thibaudet tend l'autre joue, en somme. On le lui a reproché. Claude

Lévi-Strauss, alors jeune professeur de philosophie, ne retenait de sa lecture de Thibaudet qu'un « nuage d'impressions faciles et inconsistantes ». « Le libéralisme du début du XIXe siècle était libéral contre quelque chose. M. Thibaudet est libéral pour n'importe quoi. Être libéral signifie pour lui accepter toutes les idées du moment que ce sont des idées [...]. Les traditionalistes ont raison d'être pour le roi, les radicaux pour l'école unique et les socialistes pour la paix. L'ouvrage de M. Thibaudet soumet les partis à un concours de société où, comme dans les cotillons, tout le monde reçoit son prix : la gauche, qui combat la droite, et la droite, qui combat la gauche. Ce n'est plus un livre, c'est un magot chinois[2]. » Le jeune Lévi-Strauss, en ne posant la question que du point de vue de l'idéologie, ne voit pas que ce libéralisme exorbitant a une origine claire, la même d'ailleurs que celui de Philippe Muray : Thibaudet vient de la critique littéraire. Il entretient avec les grandes idéologies le même rapport qu'avec les grandes œuvres ou les grands styles de la littérature passée et contemporaine. C'est cette assise littéraire qui l'a rendu si irrémédiablement et si absurdement libéral.

2. Claude LÉVI-STRAUSS, « Livres et revues. Les Idées politiques de la France », *L'Étudiant socialiste,* janvier 1933, n° 4, p. 13-16.

En perdant de vue cette acception bien particulière du libéralisme, la droite intellectuelle d'aujourd'hui n'a pas seulement perdu l'individualisme, comme nous l'avons vu, mais également cette vertu si précieuse de Thibaudet, cette ouverture incommensurable aux discours les plus hétérogènes. Je vois toutefois un représentant de cette tradition dans le monde littéraire des années 2000, un dernier écrivain qui mérite d'être évoqué ici : Emmanuel Carrère. Lui aussi manque d'une identité politique bien claire. Dans un entretien à ce sujet, il dit n'avoir voté pour la première fois qu'en 2007, à l'âge de cinquante ans, poussé par sa femme. Pour François Bayrou, puis pour Ségolène Royal ; et en 2012 pour François Hollande. Mais ayant fait cette confidence, il ajoute immédiatement qu'il avait au fond plus de sympathie pour Nicolas Sarkozy, « tout de même un personnage plus amusant et énergique », qui lui rappelle les mafieux des films de Scorsese – un romancier ne se refait pas. Pourquoi ne pas voter pendant si longtemps ? Non par désinvolture, tient à préciser Carrère, qui ne s'est jamais vu en « anarchiste de droite », mais par scepticisme, par une défiance exercée en premier lieu à l'égard de lui-même. Il rappelle alors le bon mot d'une ancienne compagne : « Emmanuel, il ne vote pas, parce qu'il aurait peur de voter à droite s'il le faisait. » C'est bien là l'homme de droite paradoxal qui m'intéresse depuis le début de ce livre, l'homme de cette autre droite, distante, littéraire mais pas poseuse ; contrariée, complexée évidemment. Une droite que cela dégoûte un peu de se dire « de droite ». Une droite qui a jeté l'éponge politique depuis bien longtemps. « La politique, pour moi, ajoute encore Carrère, ce sont les sables mouvants. » Il n'y comprend rien, du moins jamais de manière stable ; ou il comprend trop chaque force en présence, tout l'intéresse et lui paraît digne d'attention. « J'ai terriblement tendance à rentrer dans les raisons d'autrui », se voit-il forcé de conclure, un peu à la manière de Gide, et c'est exactement ce qui rend ses livres passionnants, en tout cas ceux qui reposent sur ce dispositif : *L'Adversaire*, *Limonov*, *Le Royaume*, auxquels j'ajouterais volontiers sa biographie plus traditionnelle de Philip K. Dick, *Je suis vivant et vous êtes morts*. Si Carrère se met lui-même en scène, dans chacun de ces romans-essais, c'est précisément pour entrer en contact avec quelque chose de plus grand que lui, quelque chose qui le dépasse et qu'il va pourtant patiemment tâcher, sinon de comprendre pleinement, en tout cas de représenter. L'ambition singulière de Carrère est de mettre en communication notre époque dans ce qu'elle a de plus banal, c'est-à-dire lui-même, Emmanuel Carrère, ses séances de yoga et ses T-shirts échancrés, avec des grandeurs toujours plus lointaines et impressionnantes. Grandeur explosive de Limonov, démesure meurtrière de Jean-Claude Romand, raz-de-marée chrétien du Ier siècle. Rien de tout cela *n'est* Emmanuel Carrère, ni même vraiment une partie de lui, rien dans les sujets qu'il traite ne constitue pour lui, donc pour le lecteur, une ressource directe permettant d'élaborer un propos cohérent et engagé sur l'époque. Tout lui est *autre*, mais il veut entrer en contact avec cet autre, le toucher du doigt ou de la plume, poursuivant un idéal forcément inatteignable de *contiguïté*. Par là, c'est à la médiocrité de notre époque qu'il permet d'échapper, quand on lui reproche trop vite de l'incarner : il permet à chacun de nous, depuis la position historique qui est inévitablement la nôtre, de se saisir un peu d'une grandeur qui nous dépasse. Carrère est bien le Thibaudet de notre temps, c'est-à-dire un Muray à l'envers.

La tolérance d'Emmanuel Carrère a des limites, cependant, et ce sont précisément celles que j'essaye aussi de poser. D'où lui viennent-elles ? De la même source que son ouverture : de la littérature, du sens de la forme. Ainsi en va-t-il quand il explique son éloignement vis-à-vis de son ancien ami Renaud Camus. « Qu'un homme avec une oreille aussi juste puisse ne pas sentir, alors qu'il se trouve physiquement à leurs côtés, sur des estrades, ce qu'il y a d'hystérique, de malsonnant, de laid dans la parole de ses nouveaux amis, c'est étrange. » Le sens littéraire aurait dû prémunir Renaud Camus contre les engagements qui sont devenus les siens, contre les phrases qu'il prononce maintenant chaque jour, contre les thèses dont il a nourri ses nouveaux livres ; mais il en semble désormais dépourvu, aveugle à la laideur qui l'entoure. La myopie esthétique seule peut expliquer de tels errements idéologiques.

Tel est l'art double d'Emmanuel Carrère, qui est un art de la mesure formelle, à tous les sens du mot « mesure ». Carrère se mesure à plus grand que lui, à plus énorme, même, et par là c'est à tout notre monde qu'il offre la possibilité de se mesurer à ces géants – que la fascination que ces géants exercent sur nous soit enchanteresse ou glaçante. Gigantisme de la folie meurtrière avec Romand, de l'aventure avec Limonov, du « Sermon sur la montagne » dans *Le Royaume*. Mais cette mesure, c'est aussi celle qui lui fait sentir la bassesse du politique, la laideur d'engagements comme celui de Renaud Camus. C'est par là que sa modestie à moitié feinte se renverse en orgueil et qu'il peut supporter sans honte de se comparer à des personnages aussi romanesques, aussi saints ou aussi monstrueux. Tel est l'art tactique et tactile d'Emmanuel Carrère.

Nous finissons donc en une compagnie un peu différente de celle qui accompagnait ma jeunesse. Dantec, Houellebecq, Nabe se sont éclipsés. Muray est encore là, mais il voisine désormais avec Kundera, Modiano et Carrère, bien vivants tous les trois, quoique issus de générations différentes. La droite littéraire de mes vingt ans pouvait paraître mal assortie, mais le lecteur n'aura pas été trop surpris que je la classe de ce côté de l'échiquier politique. Notre second attelage, en revanche, aura pu sembler plus déconcertant. Et moins de droite. Plus littéraire peut-être ?

On aura compris que la droite que je défends, la précieuse droite littéraire, bigarrée, contradictoire et libérale, n'a guère à voir avec ce qui se pense comme droite aujourd'hui et que je me suis efforcé de décrire, depuis les marcheurs colorés de la Manif pour tous jusqu'aux admirateurs virilistes de Poutine, en passant par les technophobes militantes et les antilibéraux-antilibertaires. Ceux-là, soulevés par le vent de l'engagement, se laissent doucement déporter vers l'extrême-droite, comme toute droite qui singe un peu trop les habitudes de la gauche. Comme toute droite militante. Ils oublient les vertus premières de la droite, ses incohérences, sa modération irrépressible, son goût de la liberté et surtout son attachement foncier à la littérature. Ils se contentent, je l'ai suffisamment seriné, de raffermir leur idéologie, ce qui au bout du compte ne peut que les éloigner de la droite telle que je l'entends, donc de la littérature.

Pourquoi ai-je finalement choisi un autre quatuor pour faire saillir ce que la droite d'aujourd'hui ne parvient plus à comprendre d'elle-même ? Précisément parce que ces quatre écrivains sont bien peu de droite, au sens où tout le monde semble désormais l'entendre, et qu'ils ne se ressemblent pas, que leur association n'a aucune force d'évidence ; car c'est cela, la droite en littérature. Un fouillis indémêlable. La finesse tchèque et la méfiance antitotalitaire de Kundera n'ont guère à voir avec le narcissisme curieux d'Emmanuel Carrère. Rien de plus éloigné de la langueur modianesque que l'énergie déflagratrice de Philippe Muray. Carrère accepte tout, Muray refuse tout. Muray gonfle l'époque comme une baudruche jusqu'à la faire exploser, Carrère l'emmène à la rencontre des grandeurs qu'elle ne voit plus ; Modiano s'en absente, bloqué dans un passé fantomatique. Leurs conceptions de la littérature sont notoirement distinctes. Pourtant, ils partagent bien des choses, tous les quatre. Ils parlent tous de politique en cherchant à lui échapper, ils la représentent sans y participer. Tous ils tâchent de représenter le monde sans accepter de rejoindre une des forces qui animent ce monde, quelle qu'elle soit. Ils savent que leur art est un art formel, voire formaliste, et que par ce biais ils se sont donné les moyens de dévoiler des coins de la réalité qui avaient échappé aux autres, parfois depuis toujours. Aucun d'entre eux, je crois, ne descendra dans la rue pour grossir les troupes de quelque cause que ce soit – et certainement pas pour enfiler des sweat-shirts roses afin de chanter en chœur contre les revendications des homosexuels. Ils appartiennent à une sphère qu'un seul mot, forcément insatisfaisant, surtout lorsqu'on le ressasse ainsi, permet de décrire : la littérature.

J'ai pu penser que la littérature de ma jeunesse était morte, et avec elle la droite que j'aimais. En 2016, le Palais de Tokyo a accueilli une exposition sur Michel Houellebecq. En 2017, Daech a adressé directement un communiqué à Marc-Édouard Nabe. Rien que ces menus faits nous confirment si besoin était qu'ils sont tous deux plus morts que Philippe Muray, lequel est pourtant bien enterré au cimetière de Montparnasse, comme Baudelaire, Huysmans et Cioran (pas vraiment des hommes de gauche non plus). Pendant ce temps, l'autre droite, la pire des droites, celle qui s'est débarrassée de cette encombrante littérature de l'an 2000, se montre partout, elle vomit ses troupes sur les boulevards, sur internet et sur les devantures des kiosques à journaux. Elle nous a nous-mêmes occupés de nombreuses pages durant. Mais tout cela n'est pas si grave. La droite en a vu d'autres, la littérature aussi : l'Action française à son apogée ne sévissait-elle pas dans les milieux littéraires plus que partout ailleurs ? Kundera, Carrère, Modiano ne sont que quelques noms parmi tous ceux que j'aurais pu avancer, témoignant de l'inusable diversité de la littérature antipolitique. Qu'une génération amusante d'écrivains adoubée par Philippe Sollers et Jean-Edern Hallier ait fini par s'essouffler, que cet essoufflement ait correspondu à l'ascension d'une nouvelle génération militante à moitié inculte, insensible aux ironies de la littérature, cela ne doit pas nous alarmer outre mesure. J'ignore ce qui renaîtra de ces cendres ; mais l'histoire de notre littérature n'est pas close, ni l'histoire d'une droite plus trouble, plus virevoltante et contradictoire que celle qui s'affiche partout aujourd'hui.

Si, comme je le crois, il y a dans la littérature moderne un ferment individualiste, alors, de même que l'individu, la littérature ne peut pas tout à fait mourir. Elle peut compter sur le sel de la terre. « Vous êtes le sel de la terre », dit Jésus : veillez à ne pas vous affadir. Qu'est-ce que c'est, le sel de la terre ? Ce n'est pas la société, ce n'est pas l'identité, ce n'est pas la France ou la chrétienté médiévale, ce n'est pas l'Europe, ce n'est certainement pas la tradition et ce ne sont pas des « racines » de quelque sorte que ce soit. Ce n'est même pas la jeunesse. Le sel de la terre dont parle Jésus n'a rien à voir, faut-il le préciser, avec « la terre et les morts » chers autrefois à Barrès et aujourd'hui, de façon plus ou moins consciente, à toute cette jeune droite assourdissante. Ce n'est pas non plus « l'enracinement » de Simone Weil, tout spirituel soit-il. Le sel ne fait rien pousser, même en terre. Sa seule vertu, c'est de relever le goût.

Le sel de la terre, c'est l'individu, c'est-à-dire la littérature. Voilà ce qu'oublient ceux qui dénoncent sans relâche les ravages de l'« individualisme ». Toute réalité se manifeste à l'échelle individuelle, et à elle seule ; la littérature ne fait que grossir cette vérité première, elle en est le produit hyperbolique. Je ne dis pas que la société n'existe pas ; mais elle est un outil d'analyse et d'explication, elle n'évolue pas du tout sur le même plan ontologique que la réalité individuelle. Elle sert à *décrire*, selon un certain prisme, la réalité individuelle, les logiques qui la traversent, ce vers quoi elle peut tendre ou ce contre quoi elle se dresse. Seuls les individus naissent et meurent, seuls ils se sauvent ou déchoient, seuls ils peuvent déployer leur génie ou s'enfoncer dans la médiocrité : voilà l'affaire de la littérature. Aussi faut-il se garder, lorsque l'on vitupère contre l'époque, de tout pessimisme excessif sur sa capacité à créer de nouvelles œuvres, à renouer avec l'histoire littéraire, à retrouver les moyens de saper le réductionnisme idéologique. La situation peut paraître inquiétante, mais il reste toujours le sel de la terre, lequel ne s'affadit pas si vite.

Chaque individu, *a fortiori* chaque écrivain, porte en lui une menace : celle de faire mentir tous ceux qui pensent que la littérature est déjà morte.

Table

Série « Cahiers »

Dominique Bourg, *Une nouvelle Terre*, 2018.
Pierre-Yves Gomez, *Intelligence du travail*, 2016.
Pierre Manent, *Situation de la France*, 2015.
Philippe Raynaud, *Emmanuel Macron : une révolution bien tempérée*, 2018.
Jacob Rogozinski, *Djihadisme : le retour du sacrifice*, 2017.
Denis Salas, *La Foule innocente*, 2018.
Françoise Thom, *Comprendre le poutinisme*, 2018
Frédéric Worms, *Les Maladies chroniques de la démocratie*, 2017.

Achevé d'imprimer par
La Source d'Or,
en septembre 2018
N° d'impression : 20562N

Dépôt légal : octobre 2018

Imprimé en France